呼叫中心服务员职业技能鉴定培训教程

周月词　郑　颖　葛舜卿　著

清华大学出版社

北　京

内 容 简 介

本书是针对呼叫中心服务员行业设计的全面而深入的职业技能鉴定培训教程，旨在帮助呼叫中心服务员掌握专业技能，提高服务水平和职业素养，实现职业成长。本书基于呼叫中心服务员的实际工作需求，结合国家职业标准和行业最新发展，系统阐述呼叫中心服务员所需具备的知识、技能和素养，也为呼叫中心服务员职业技能鉴定提供了标准和依据，有助于促进呼叫中心服务员行业的规范化、标准化发展。

本书是呼叫中心服务员职业技能鉴定培训教程，也可以作为呼叫中心的培训教材。

图书在版编目 (CIP) 数据

呼叫中心服务员职业技能鉴定培训教程 / 周月词，
郑颖，葛舜卿著 . -- 北京：清华大学出版社，2025.5.
ISBN 978-7-302-69136-5

Ⅰ . F626.3

中国国家版本馆 CIP 数据核字第 2025DT6303 号

责任编辑：陈　莉
封面设计：刘　晶
版式设计：方加青
责任校对：成凤进
责任印制：刘　菲

出版发行：清华大学出版社
　　　　网　　　址：https://www.tup.com.cn，https://www.wqxuetang.com
　　　　地　　　址：北京清华大学学研大厦 A 座　　　　邮　　编：100084
　　　　社 总 机：010-83470000　　　　　　　　　　邮　　购：010-62786544
　　　　投稿与读者服务：010-62776969，c-service@tup.tsinghua.edu.cn
　　　　质 量 反 馈：010-62772015，zhiliang@tup.tsinghua.edu.cn
印 装 者：三河市天利华印刷装订有限公司
经　　销：全国新华书店
开　　本：185mm×260mm　　　印　　张：12.5　　　字　　数：266 千字
版　　次：2025 年 6 月第 1 版　　　印　　次：2025 年 6 月第 1 次印刷
定　　价：48.00 元

产品编号：107829-01

本书编委

（根据拼音首字母排序）

高　云　　葛舜卿　　耿蓓樱　　贺其玢　　蒋　勇

凌补迎　　李晓冬　　倪春洋　　石　云　　王海鲲

王　莹　　夏闻超　　张　简　　郑　颖　　周月词

作者简介

周月词　中国信息协会数字经济专委会数据产业研究部副主任、复旦大学客座讲师、上海市心理学会专委会委员、国家二级心理咨询师、工业和信息化部教育考试中心人才培养工程教研专家、人力资源社会保障部考评员；从业逾15年，先后为原国务院扶贫办信息中心、清华大学信息化技术中心、上海市就业促进中心、浦东新区等政务服务从业者提供内容辅导；多次参与国际标准、行业团体标准的编制工作及数部行业丛书的撰稿工作，在政府热线、公用事业、金融、快消、汽车及互联网等多领域拥有已交付的核心顾问成果。

郑颖　方太集团客户体验部总监，有近20年的金融业、制造业呼叫中心和客户体验的管理与实践经验，是国内客户体验管理实践的领导者；CC-CMM国际标准指导委员会专家委员，《GB/T19012—2019/1SO 10002:2018》等三项国标起草人，行业权威杂志《客户世界》《客户洞察》编委，多所学校客座教授，参与了《消费心理与行为分析》等教材的编制和修订工作。

葛舜卿　CC-CMM标准组织执行理事、中国信息协会数字经济专委会数据产业研究部副主任、中国信息协会专家库入库专家、复旦大学客座讲师、国家发改委中国呼叫中心产业能力建设管理规范工作组专家委员会委员、《客户世界》杂志编辑委员会委员、工业和信息化部教育考试中心人才培养工程教研专家、人力资源社会保障部《呼叫中心服务员》质量督导员、人力资源社会保障部《客户服务管理师》考评员；出版《呼叫中心能力成熟度模型》《呼叫中心设计与规划》《政务热线运营管理的理论与实践》等著作。

随着信息技术的快速发展和互联网的普及，呼叫中心服务员行业逐渐成为现代服务业的重要组成部分。呼叫中心服务员作为企业与客户的桥梁，承担着传递信息、解答疑问、处理投诉等重要职责。因此，提高呼叫中心服务员的职业技能和服务质量，对于提升企业形象、增强客户满意度、促进企业发展具有重要意义。

本书主要包括以下内容：①从业者的职业素养与职业道德，阐述呼叫中心服务员应具备的职业素养，包括沟通能力、服务意识、团队协作精神等，通过案例分析、实战演练等，培养读者的职业素养和职业道德；②呼叫中心基础知识，介绍呼叫中心服务员行业的基本概念、发展历程、特点等，帮助读者了解行业背景和趋势；③业务知识，介绍呼叫中心服务员所需掌握的业务知识，包括产品、服务、政策等，通过系统讲解和实战模拟，帮助读者熟悉各类业务知识，提高业务处理能力和应变能力；④沟通技巧，讲解呼叫中心服务员与客户沟通的技巧和方法，包括倾听、表达、提问等，通过实际案例分析和模拟演练，帮助读者提高沟通效果和客户满意度；⑤实战案例，选取具有代表性的实战案例，分析呼叫中心服务员在实际工作中遇到的问题和解决方案，通过案例学习，帮助读者更好地理解理论知识，提高解决实际问题的能力；⑥技能提升，介绍呼叫中心服务员的职业发展路径和规划，提供进阶学习和提升技能的建议，通过分享行业前沿动态和成功案例，激发读者的学习热情和职业志向。

本书的主要特点如下。

内容权威： 本书由行业内权威专家编写，内容紧密结合国家职业标准和行业最新发展状况，确保读者能够学习到最专业、最权威的知识。

格外实用： 本书紧密结合呼叫中心服务员实际工作需求，通过案例分析、实战演练等方式，使读者能够迅速将所学知识应用于实际工作中，提高工作效率和服务质量。

全面系统： 本书内容涵盖呼叫中心服务员职业技能的各个方面，从基础知识到专业技能，帮助读者全面提升职业素养和综合能力，还配备了丰富的练习题和模拟试题，帮助读者巩固所学知识，提高学习效果。

通俗易懂： 本书采用简洁的语言，结合丰富的实例，帮助读者轻松理解并掌握各项技能。

通过本书的学习，呼叫中心服务员将能够更好地应对工作挑战，为客户提供更优质的服务，实现职业发展和个人价值的双重提升，也为呼叫中心服务员职业技能鉴定提供了标准和依据，有助于促进呼叫中心服务员行业的规范化、标准化发展。

第1章 从业者的职业素养与职业道德

1.1 从业者的职业素养

呼叫中心服务员作为通过多种接触媒介(电话、传真、互联网、电子邮件、视频、短信、WAP等)为用户提供交互式人工服务的核心生产者，其自身对职业内核、职业操守、职业素养的认知和塑造情况直接决定了整体服务水平。

呼叫中心服务员岗位从业者在开展业务知识学习和技能训练之前，应明确岗位的真正意义和社会性影响，培养第三产业(服务业)从业者应有的道德和职业操守，方能从从业者个体的思想层面保障生产力和服务质量的高水平输出，最终推动整个行业的和谐发展。

1.1.1 对从业者的基本要求

呼叫中心服务员岗位从业者作为用户交互式服务的主要生产者，需要明确其岗位职责的核心宗旨是服务与质量并存、解用户之忧虑、树企业单位诚信口碑。呼叫中心服务员在开展日常工作时，需要遵循岗位职责要求，执行标准规范和制度，以热情服务为准则，提供主动、周到的沟通帮扶和友好的引导服务。

从工作完成和有效性表达的角度而言，呼叫中心服务员岗位从业者需要满足以下基本要求。

1. 良好的语言表达与沟通能力

呼叫中心服务员应能够流利并且标准地使用普通话与用户进行沟通，语速适中，用词恰当，谦恭、自信。

语言表达与沟通能力是呼叫中心服务员岗位从业者最重要的基本要求。在该种服务情境中，多以语音或者文字的方式进行双方或多方的信息交流，从而达到信息、思想或物质的给予或获取。流利且标准的普通话表达有利于为用户提供顺畅的服务体验；同时，呼叫中心服务员岗位从业者是企业单位面向公众的第一形象代表，因此语言表达与沟通能力尤为重要。

在沟通过程中，语速适中被定义为"中速"。狭义的"中速"是指按照每分钟的语言字数输出来规范呼叫中心服务员岗位从业者的语速，目前在整个行业的普遍认知中，一味追求刻板的吐字速度不利于真正的用户体验，所以目前将"中速"定义为与用户保持同样的表达语速，这就是最规范的沟通语速。如果沟通的对象提问和反馈皆十分迅速，那么与对方保持同样的语速有助于表现呼叫中心服务员岗位从业者的专业素养、丰富的知识和技能储备，有利于获得对方的信任和认可；反之，如果语速比对方略缓慢，则容易引发对方对其专业度的怀疑，并可能产生对呼叫中心服务员岗位从业者存在不耐烦心理的误会。如果沟通的对象喜欢对关键信息反复琢磨且存在较多短句的情况，则需要呼叫中心服务员岗位从业者循循善诱地进行耐心互动，从而帮助对方理解，以便解决问题。

以规范的服务用语进行沟通互动，是呼叫中心服务员岗位从业者在用户交互服务中的基本要求，其中包括使用规范性标准话术，用语礼貌、无歧义、精准等。在沟通过程中，要注意语句停连、语气起伏和对当下对话场景的对照理解，切勿生搬硬套，缺乏真情实意；而在对话中使用无歧义的精准词语是为了迅速向用户明确要表达的意图，避免误解，有时候一些有歧义的用词会导致用户发怒进而引发投诉，需要耗费更多的时间、人力、财力来弥补语言表达的缺陷，这就得不偿失了。

在整体表述中，呼叫中心服务员岗位从业者应保持自信、耐心、谦恭、友好，这有利于树立可信赖的服务品牌形象，"让用户享受如沐春风的交互体验"是所有服务业从业者一贯的追求。

2. 丰富的业务知识和经验

作为一个以语言表达内容为主要生产资料的岗位从业者，呼叫中心服务员需要具备丰富的业务知识，包括对产品、问题处理、跨部门协作流程及各类问题情境的掌握，言之有物、言之有理；能够准确理解服务对象的意图，通过知识库快速搜寻答案并准确回应，有助于呼叫中心服务员岗位从业者与用户开展有效交流。

3. 换位思考

站在用户的角度去思考并体会对方的心情，是安抚对方情绪最好且最有效的办法之一。遇到用户投诉时，如能换位思考，则可以安抚其情绪，有利于解决问题。

换位思考，也就是同理心，这是所有服务业从业人员的基本素养。急对方所急、想对方所想是换位思考最根本的要求。委婉的语言表达，平息怒气、软化主客关系、取得用户信赖、让对方感受到真诚有助于解决问题。

4. 熟练使用计算机办公软件

呼叫中心服务员岗位从业者主要通过多种接触媒介为用户提供交互式人工服务，基于该服务特性，信息存录、业务操作及工单流转等工作行为都需要依托计算机软件信息系统完成，因此呼叫中心服务员岗位从业者需要熟练和规范地操作基本办公软件、客户关系管理系统、业务操作系统、知识库及接续系统等。

▶▶▶ **练习题**

1. 一位语言表达激进、情绪不稳定的用户对其购入的过期商品无法退货的情况进行投诉，呼叫中心服务员岗位从业者小王在说明了服务规则和拒绝退货的原因后，按惯例使用了话术："请问还有什么可以帮您吗？"结果用户突然情绪激动，对小王进行了谩骂攻击。

(1) 小王在这一次与用户交流的过程中出现了哪种表达错误？

(2) 在与该类用户交流时应注意哪些方面？

(3) 如果你碰到用户突然情绪激动，对你进行谩骂，你将如何应对？

2. 呼叫中心服务员岗位从业者日常工作中的基本要求是什么？

3. 如何理解沟通语速中的"中速"？

1.1.2　从业者应遵守的职业守则

在社会主义条件下发展市场经济，必然受到社会主义经济制度的制约和影响，呼叫中心服务员岗位从业者也是社会主义市场经济活动中的工作者，所以均需要遵循必备的职业守则，其中既包含针对岗位特性发展出来的职业守则，也包含由其职业特点和影响力衍生的社会守则。

1. 职业守则的含义

职业守则是规范呼叫中心服务员岗位从业者日常工作的原则性要求。在服务用户的过程中要尊重对方，多站在服务对象的角度思考问题，实事求是、用户至上、用心服务是呼叫中心行业每一位岗位从业者的职业守则。

在日常的工作中，聆听是呼叫中心行业每一位岗位从业者的重要职责，提供能达到对方期望值的服务是职业守则中的根本诉求，也是提高用户满意度的方法。专业、礼貌、微笑服务、热情服务均是彰显职业守则规范性的良好表现。

呼叫中心服务员岗位从业者所处行业不同，其职业守则也存在一些差异。根据职业守则的功能性进行分类，主要分为商业服务形态、政务与公共服务形态、集成黏合服务形态。

(1) **商业服务形态**。该类服务形态是最普遍的，多见于商业性运营机构。市场经济活动中的生产者一般会规划一个呼叫中心，向消费者提供产品咨询、营销推介、问题处理、投诉受理、满意度提升等多元的、功能性的客户服务，如通信行业、金融业、IT 与互联网行业、消费产品与服务业、医疗卫生行业、制造业、能源行业、交通运输行业、旅游及服务业的生产者，以及第三方专业服务提供商等。该种服务形态中的呼叫中心服务员岗位从业者常被定义为客户服务座席代表，代表企业、单位、品牌对外交互，需要建立"以客户为中心"的职业守则理念，时刻维护生产者在市场活动中的口碑、信誉，甚至经济利益。

(2) **政务与公共服务形态**。这类服务形态是政府职能部门、公用事业单位与公众之间的桥梁，是一种具有公共保障功能的服务形态，以"倾听民声，保障民生"为服务基准，具备不可替代的社会性作用，比如便民服务热线、社会保险咨询服务热线、紧急救援热线、供电服务热线、供水服务热线等。服务场景的特殊性要求在该服务形态中工作的呼叫中心服务员岗位从业者具备较高的认知水平、职业素养、服务意识、风险识别和应对能力。

(3) **集成黏合服务形态**。这类服务形态比商业服务形态和政务与公共服务形态特殊，社会覆盖体量较小，多见于特种行业或者内部服务场景，这对在该服务形态中工作的呼叫中心服务员岗位从业者的特种专业技能水平和经验丰富程度提出了更高的要求。比如航空领域的调度中心、科技型企业的内部园区流转中枢等，其主要作用在于内部信息流转和联动集成。

▶▶▶ **练习题**

1. 在政务与公共服务形态场景工作的呼叫中心服务员小王在深夜接到一位来自山区的壮族老奶奶的来电，老奶奶要求恢复因为暴雨天气而中断的供电。

(1) 小王在这一次用户交流中应关注哪几方面的问题？

(2) 这类服务场景常见于什么呼叫中心？

(3) 如果你在交流中发现壮族老奶奶的普通话不标准，有很多问题不能确认，那么你会如何处理？

2. 打造较高的用户满意度应关注哪些工作水平的提升？

3. 职业守则在不同服务形态的场景中有哪些区别？

2. 职业守则的社会价值

职业守则所衍生的社会价值和社会影响是基于呼叫中心服务员岗位从业者的共性职业守则和特性职业守则所产生的。

文明、和谐、自由、平等、公正、法治、爱国、敬业、诚信、友善均能彰显共性职业守则的社会价值，可见呼叫中心服务员岗位从业者的职业守则与社会主义核心价值观紧密相关。在日常工作中，呼叫中心服务员岗位从业者在不同的服务形态里均需要使用和谐、文明的语言，保持平等、友善的态度，以法治为共识，以诚信、公正为原则，开展负责任的自由对话，助力社会主义经济繁荣。

特性职业守则所衍生的社会价值主要体现在特种行业服务形态的场景中。在以信息化和数字经济为主导的新型竞争市场中，与传统经济形态相比，基于客户数据的数字经济具有全新的特征和属性。从智能服务最终应用的呼叫中心运营角度看，与业务场景紧密结合、转变定位、转变协同、增加自研投入将是主要发展方向。这样的行业特性也引发了人们对其社会价值和社会影响的认知困惑。

(1) 买机票、订外卖、订酒店等在线业务早已成为大数据杀熟的重灾区。

(2) App权限滥用。中华人民共和国工业和信息化部于2024年11月通报了第9批(总第44批)侵害用户权益行为的App名单，共有27款应用软件在列。

(3) 数据泄露愈演愈烈。传统的防火墙、反病毒软件、入侵检测等信息安全防护措施已难以独立应对。

(4) 随着各种机器人的全面普及，人类社会的生产关系正在发生改变，而生产关系的改变则意味着社会结构的改变。

呼叫中心服务员岗位从业者作为人工交互服务的一线生产者，始终保持对风险的敏锐感知，以热忱、真挚的服务表达回应不同背景、不同诉求的用户才能真正体现其职业守则衍生的社会价值。

▶▶▶ **练习题**

1. 社会主义市场经济的核心在于自由竞争，自由竞争是市场经济的生命。但是自由竞争不能没有规则，不能无度，也不能无序，因此需要法律来保障自由竞争顺利进行。

(1) 以上关于社会主义市场经济自由竞争市场的描述对照的是共性职业守则的社会价值的哪部分？

(2) 银行业客户服务中心属于商业服务形态，其客户服务座席代表日常工作中的哪些业务场景会涉及共性职业守则社会价值中的"法治"？

(3) 呼叫中心服务员岗位从业者在自由竞争中应有哪些表现？

2. 呼叫中心服务员岗位从业者的特性职业守则在集成黏合服务形态场景中的表现有哪些？

3. 呼叫中心服务员岗位从业者作为一个个体，遵守职业守则有什么价值？

1.2　从业者的职业道德

职业道德是呼叫中心服务员岗位从业者在职业活动中应当遵循的基本道德，是社会道德在职业活动中的具体体现，是一种需要始终保持意识觉醒的职业规范，也是受到社会普遍认可的行为准则。

职业道德与职业活动紧密联系，总体来说囊括了道德准则、道德情操、道德品质等。职业道德中规范的内容具有一定的纪律性，既要求从业者自觉遵守，又有一定的强制性，比如忠诚于所属企业单位、维护企业单位的荣誉，以及保守与企业单位相关的秘密等。在职业活动中，对呼叫中心服务员岗位从业者而言，其服务态度不能因为客户态度的变化而变化，在服务的过程中应做到尊重客户、赞美客户、换位思考、实事求是。

呼叫中心服务员岗位从业者的职业道德是以人为本，以服务对象为核心的，其所规范的内容没有具体、确定的形式，通常体现为观念认知、习惯行为、思想信念等。

1.2.1　职业道德概述

共产主义道德深深植根于各行各业的职业道德之中，其表现形式随着社会关系和经济结构的变化而呈现出多样性，并具有广泛的适用性。深入理解职业道德的思想内涵并将其付诸实践，能够带来四个方面的显著益处。

(1) 调节从业者在职业活动中的融洽程度，也就是促进从业者之间的配合，从业者与服务对象之间能够互相理解，最终实现团结友爱、爱岗互助、齐心协力的生产关系和市场关系。

(2) 提升一个行业或提供服务的企业、单位的社会形象、社会信用、口碑和声誉，进而稳固公众对自身产品质量和服务质量的信赖度与认可度。同时，践行良好的职业道德有利于激励提供服务的企业、单位和岗位从业者持续输出优质的产品和服务体验。

(3) 企业、单位的生存与发展离不开经济利益，职业道德中涉及的素养、规范和纪律都是为了制约生产者和劳动者，避免其因为实现经济效益而牺牲责任心，避免输出劣等的产品和服务体验。如果整个行业中所有生产者和劳动者的职业道德水平得到了普遍提升，则将促进本行业的发展。

(4) 职业道德水平将影响社会公众对一个行业的看法，代表了全行业的集体行为表现的最大公约数。社会公众是由不同行业的所有从业者组成的，在全面提升职业道德水平的情况下，社会道德水平也会随之提升。

职业道德中的行为要求可以从内部和外部两方面来规范：①企业、单位内部从业者需要遵循的职业道德；②从业者在日常工作中、与服务对象交互过程中需要遵循的职业道德。

1. 内部行为要求

(1) 遵从工作时间安排，从情绪、个人卫生等多方面做好必要的上岗前准备。
(2) 对周期性工作做好规划，有条不紊地开展工作，保证质量，勇于承担责任。

(3) 遵守工作关系中的纪律和规范要求，友好共进、协调发展，不采取任何不当、不诚信的行为谋取经济利益和职业利益。

2. 外部行为要求

(1) 以"耐心帮助"作为服务工作的基准，在倾听中充分共情并积极回应，在了解事件全貌的基础上进行协商，尝试采用不同的方法取得合作；发生误会和纷争时主动致歉并积极寻求弥补方式，不推诿、不冷漠，问题蔓延到外部单位时采取积极的配合态度。

(2) 诚实守信，不带个人主观看法，平等对待每一个服务对象，不议论服务对象的私人信息，对工作信息进行保密，廉洁奉公，不谋取私人利益。

(3) 认同集体利益高于一切，这是职业道德的基本内容，始终维护企业、单位在公众面前的形象和信誉。

(4) 重视服务对象的声音，积极受理、回应投诉并寻求有针对性的解决办法。

总体来说，社会主义职业道德是为了适应和实现社会主义物质文明和精神文明建设的需要，在共产主义道德原则的指导下，基于不同行业和岗位的特点发展出来的，具备指导性、可操作性、适应性、创新性，是每一个市场经济社会的从业者都需要遵循的。

▶▶▶ 练习题

1. 小王积极学习业务知识，经常请教老员工，耐心对待每一位客户，经过4年的辛苦奋斗终于成为团队主管。小王当上团队主管以后非常希望自己团队中每个人的绩效都是优秀的，针对团队中排名总是靠后的小周，小王总是气不打一处来，偶尔还会用一些侮辱性语言点评小周的工作，美其名曰为了促使她进步。在团队主管小王严苛的工作监控之下，小周的工作越来越力不从心，她准备离职，又觉得委屈，准备在离职前大骂客户宣泄怨气，也算是给团队主管小王制造一个大麻烦再离开。

(1) 以上案例中，小王经过4年的辛勤奋斗终于成为团队主管，这彰显了职业道德中哪方面的内容？

(2) 小王对团队成员的管理行为与职业道德中的哪些内容相悖？

(3) 小周因为工作受挫，准备采取向客户发泄怨气的做法有哪些不利之处？

2. 职业道德在社会影响方面有哪些作用？

3. 作为从事供电服务咨询的呼叫中心服务员岗位从业者，哪些行为体现了职业道德的要求？

1.2.2　职业道德在从业者工作内容中的体现

呼叫中心服务行业属于现代服务业的一个子类，具有从业人员众多、覆盖行业全面、受理信息数据和情绪双重密集的特点，其职业道德的规范和行为准则的指导将影响人与人之间的和谐相处、团队协作及公共诚信。

在呼叫中心服务行业，从业者的职业道德尤为重要。根据其行业和岗位特点，以及内部和外部环境的特性，需要识别职业道德中特别适用的内容，并对这些内容进行认知加强和理解水平提升。

内部：呼叫中心属于劳动密集型企业，团队多为小组制，从业者结构更新快。

例如，在政务服务便民热线的工作现场，上百名呼叫中心服务员岗位从业者交替工作、小憩、用餐、培训，这需要内部协调分工、互相谦让，工作过程中需要非常高频地与其他职能部门进行信息传递、相互配合等。

在电话营销型呼叫中心的工作现场，呼叫中心服务员岗位从业者中的部分人员因为业绩考核压力大，从而形成了过分激进的工作理念，导致了不诚信争取订单和业绩的情况。

在医疗咨询行业客服中心的工作现场，由于工作内容涉及专业较多，丰富的业务知识和实践经验就显得十分重要。资深老员工为新员工提供帮扶，支持并辅导新员工日常的接话工作，分担解答任务，让整个团队成为一个学习型组织，有助于提高整个群体的业务知识水平，员工之间经过长时间的交流和互动，关系也越来越融洽。

外部：呼叫中心行业跨度大，不仅需要呼叫中心服务员岗位从业者的积极参与，还需要其始终保持高质量、高水平、高觉悟。

例如，在供水服务热线的受理工作中，用水用户基数大，生活背景和文化水平差异巨大，面对普通话不标准的少数民族群众、不熟悉网络缴费操作的老年人、对政策理解有限的欠发达地区人民，呼叫中心服务员岗位从业者应积极、耐心地帮助其解决问题，关注每一个民生问题的反馈，提高百姓生活的满意度。

在电商购物客户服务热线的受理工作中，由于很大一部分热线内容跟售后问题相关，同时大多伴有消费者的不满意情绪，这需要呼叫中心服务员岗位从业者充分共情消费者对不便利和突发情况的抱怨，及时致歉并积极提供解决办法和建议。在服务过程中，如果反映的产品和服务问题属实，要本着负责任的态度，诚信受理售后诉求，不推诿。

在110、119紧急救援热线受理工作中，来电者或其身边人大多面临人身安全等危险，这就要求110、119紧急救援热线的受理人员以高度敏锐的洞察力、绝对严谨的专业性和责无旁贷的使命感，对突发情况和可能的危险进行干预，同时对来电寻求帮助的人民群众给予力所能及的安抚和提醒。

▶▶▶ **练习题**

1. 电商平台的客服热线每天都会接到较大体量的、不同类型的投诉电话，有些消费者确实遇到了产品或者服务质量问题，气冲冲而来，要求退货或寻求解决办法；有些消费者则因为个人主观原因导致不满，希望电商平台基于大平台的社会责任给予更多的优惠。小王说，在长达 5 年的客服中心职业生涯中，最烦心的就是明明已经在商品页面标注了商品详情，有些消费者收到货后仍以各种理由寻求赔偿。

(1) 面对以上案例中的消费者，呼叫中心服务员岗位从业者应秉持何种职业态度和采用哪些行为方法与消费者进行交流、沟通？

(2) 电商平台出售的某商品出现了大批因质量问题要求退货的请求时，因为量大会导致商家经济效益受损，此时应如何处理？

(3) 对于消费者在电商平台购物所产生的名字、电话、地址、购买习惯和购买记录等信息，客服中心应该如何处理，这体现了职业道德的哪些内容？

2. 在呼叫中心服务员岗位从业者的工作场景中，适用"团队多为小组制"的职业道德是什么？

3. 哪一类呼叫中心服务员岗位从业者尤其需要具备较高的职业道德思想认知水平和觉悟？

第2章　呼叫中心基础知识

从技术层面看，呼叫中心(常用名称是客户服务中心，简称客服中心)是集电信语音技术、呼叫处理技术、计算机网络技术、数据库技术等于一体的跨信息技术和电信技术的系统。呼叫中心最早起源于美国，初期的形式是由负责上门安装有线电视的技工完成接线工作。当时从事该工作的技术工人普遍受教育水平较低，接线工作中语言粗鲁、直白，无礼的服务态度在当时引发了美国民众的普遍反感，社会上甚至形成了一个"反康卡斯特联盟"，其中不乏社会名流和执政要员，正是这样的风暴掀起了"服务革命"。自此，至今仍被服务业奉为要旨的精神口号"以客户为中心"诞生了，商业服务形态的呼叫中心开始进入广泛应用的发展阶段，其雏形可以追溯到20世纪30年代美国的民航业和旅游业。

第1章已经说明呼叫中心主要应用的服务形态有商业服务形态、政务与公共服务形态、集成黏合服务形态。呼叫中心及呼叫中心服务员在中国发展出服务形态的应用至今约三十年，初期主要应用于通信运营商、航空业、银行业等领域，后期逐步发展到绝大多数商业和技术应用领域。2009年11月，中信银行信用卡中心荣获由全球呼叫中心领域年度性学术会议(ACCE)授予的"2009亚太最佳呼叫中心"称号；次年，浙江移动客服中心代表亚太区参与第五届全球最佳呼叫中心评选，在拉斯维加斯获得"大型呼叫中心(呼入)全球最佳"称号，彰显中国的呼叫中心运营水平已经与国际接轨，并发展出优越的市场实践环境和高绩效运营水平。

在政务与公共服务形态中，我国政务服务热线的应用最早可以追溯到1983年出现的第一条沈阳市长热线，而以"12345"冠名的政务服务热线最早出现在浙江杭州市。近十年，政务与公共服务热线得到了广泛应用和飞速发展，政务服务从业人员超过15万人。国办发〔2019〕51号文《国务院办公厅关于建立政务服务"好差评"制度提高政务服务水平的意见》发布，国办发〔2020〕53号文《国务院办公厅关于进一步优化地方政务服务便民热线的指导意见》发布并指出，政务服务便民热线直接面向企业和群众，是反映问题建议、推动解决政务服务问题的重要渠道，自此我国呼叫中心在政务与公共服务形态的应用上逐步走向标准化，运营水平也跻身国际前列。2019年7月，广州12345政府服务热线在"亚太最佳呼叫中心"评选中获得5项大奖，并顺利赢得参加"全球最佳呼叫中心"评选的资格。同年12月，广州12345政府服务热线代表亚太区在西班牙巴塞罗那与来自全球30多个国家和地区的数百个参赛单位同场竞技，最终荣获最佳公共服务金奖、最佳客户服务银奖两项全球性大奖。

截至2022年，中国呼叫中心服务员岗位从业者超过500万，总座席超过200万，企业

7383家，包含传统语音客服、在线客服、视频客服、云座席及小型座席团队，其中男性员工占比27%，女性员工占比73%，超过八成的管理人员均有一线呼叫中心服务员的岗位从业经历。不难看出，服务行业中，女性往往给人亲切、耐心、善于沟通的感觉，能够拉近与服务对象之间的距离，提高满意度。然而，在不同行业、不同服务对象的呼叫中心，性别的比例是有所差异的。例如，通信行业中女性客服人员的比例比金融行业的大，国有企业中女性客服人员的比例要大于外资企业，服务于大众市场的呼叫中心女性客服人员的比例也大于服务于大型企业市场的呼叫中心。

呼叫中心行业投资规模累计2500多亿元。从服务渠道的占比来看，电话语音渠道依然以98.6%的比例占领高位，此外有邮件、导览按键/语音自助、在线网站、社交媒体(微信、微博等)、短信/即时聊天等。值得一提的是，随着5G 技术的发展，视频座席在近三年得到了飞速发展，尤其在金融、保险、通信行业及特殊群体服务中发展出了新兴服务场景。总体来说，呼叫中心正在经历技术转型，加上国际环境对企业经营的影响，预计未来两年我国呼叫中心企业数量将有一定程度的下降。2022年，我国加大对第三产业(服务业)的支持。鉴于技术和市场的发展规律，从2017年开始，纯人工语音渠道座席数的增长放缓，2021至今，数字技术与AI技术在客户服务方面的应用是呼叫中心(客服中心)的重要转型方向。

2.1 呼叫中心的分类

2.1.1 按照部门或运营机构单位名称分类

目前，我国呼叫中心行业中，一般以部门或者运营机构单位名称来分类，可以分为呼叫中心(call center、 contact center，简称CC)、客户服务中心(customer service center)、客户联络中心(customer contact center)、技术支持中心(technical support center)、客户关怀中心(customer care center)、客户关系管理中心(customer relationship management center)、客户体验管理中心(customer experience management center)。

(1) **呼叫中心、客户服务中心**。这两种名称应用最广泛，也是使用最早的名称，大多数存在于商业服务形态中，如通信运营商、传统服务外包行业、旅游行业、电商行业、汽车行业、银行业、保险业、航空业等商业体，其承接的业务一般以服务为主，一般内部服务交付或从属关系存在于客户关系部、市场部、售后部、产品部等。

(2) **客户联络中心**。一般提供呼叫中心、客户服务中心的进阶服务，增加了业务整合交付的功能配置，补充了多维度服务渠道，同时引入了更前沿的智能技术和大数据应用。一般发展到该阶段，客户联络中心已经成为所属企事业单位的核心部门，基本实现盈利或稳定的自主收益。例如携程旅行网客户服务联络中心作为客服中心的升级，于2010年在江苏南通落成，占地80 000平方米，是亚洲最大的单体式服务链路中心，有超过1.2万个座席，每日呼入量逾20万通，日常同时有超过5000名呼叫中心服务员岗位从业者为国内外用户提供全天候、全年无休的服务。

(3) **技术支持中心**。通常存在于软件科技型企业单位的售后领域和集成黏合服务形态中，多见于特种行业或企业内部服务场景，呼叫中心服务员岗位从业者大多具备专业的知识体系，业务壁垒显著。例如微软公司设置在中国上海的技术支持中心，主要服务于北美地区的客户，针对不同版本的Windows系统等提供客户服务，这也是离岸外包业务的一种，苹果公司在中国的技术支持热线也是此类形态。国家电网公司内部的信息中心属于内部技术支持中心，主要为公司内部各部门提供系统使用、维护等软硬件支持服务。此外，中航信体系中也配置了技术支持中心，主要为内部民航系统提供业务支撑、垂询和信息集成等服务，进行航油增减、飞行指数等情况流通。

(4) **客户关怀中心**。大多是商业服务形态中的一种应用，与服务倾向强相关，呼叫中心服务员岗位从业者以女性为主，侧重于服务关怀，部分客户关怀中心也会在服务关系强化后延伸发展营销功能或轻型产品推介功能等。例如雅培中国客户关怀中心，侧重于对孕妇和产妇在不同时期的母婴信息传达和关怀提醒，从而增强品牌的意识黏性，在产品使用阶段提供推介建议；一些精神类专科医院和专业机构会配有心理咨询和援助热线、自杀防控干预热线、电话控烟热线等，这都是客户关怀中心的业务范畴。

(5) **客户关系管理中心、客户体验管理中心**。以该类名称命名的呼叫中心大多已形成一定的规模和运营机制，在上市公司或者大型实体经济行业中居多，具备上下联动环节。这类呼叫中心单体从业人员较多，业务维度较多元，例如阿里巴巴客户体验中心、方太客户体验部等。

2.1.2　按照服务终端分类

在实际的服务业务场景中，按照各个企事业单位的服务终端分类，可分为呼叫中心或客户服务中心、账务催缴中心、现场派遣服务受理中心、预订中心(订单执行、订单管理等)、电话营销或销售中心(邮购、电视购物或目录销售等)等。

(1) **呼叫中心或客户服务中心**。使用最早、最广泛的细分类别，如各大通信公司提供通信业务咨询服务的客服中心、中信银行信用卡中心、重庆银行客服中心、银联商务客服中心、奔驰中国客服中心等。

(2) **账务催缴中心**。该类呼叫中心一般以外呼业务为主，分为自有业务催缴和专业从事催缴承办的服务外包呼叫中心，日常运营以催收结果达成为主要评定标准，以催收流程为导向，对服务质量要求较低，存在"野蛮催收"的情况，一般以短信、电话、自动呼叫三类形式开展。通信公司的催缴、信用卡和贷款逾期催收等都是典型的业务场景。

(3) **现场派遣服务受理中心**。多存在于集成黏合服务形态中，同时以提供售后服务居多，还需要完成工单录入和传递的工作。这类呼叫中心以呼入为主，注重服务质量和用户感知。目前有越来越多的企业、单位提供了在线提交通道，由负责在线工作的呼叫中心服务员通过文字工单的方式完成识别确认和转交派遣的任务。95598热线就是南方电网公司为所有用电用户提供的服务通道，典型服务场景就是受理停电、电压异常，以及与电力相关的维修、安装、变更等诉求，然后通过内部工单派单给各个供电局分部，派技术员前往施工现场。

(4) **预订中心(订单执行、订单管理等)**。主要提供产品和服务的预订服务，和现场派遣服务受理中心相同，都是前、后台联动的呼叫中心，同时配置在线、智能机器人自助受理渠道等。预订中心以呼入为主要服务方式，外呼更侧重于必要的信息确认、重要通知传达等，并且与服务质量(语音服务、工单准确)相关的评估较为完善，对效率性指标(接通率、订单确认率)的考核也较为充分，属于高绩效运营的呼叫中心的典型代表，例如同程旅游预订中心、万豪酒店亚太预订中心(广州)等。

(5) **电话营销或销售中心(邮购、电视购物或目录销售等)**。该类呼叫中心比其他类别的呼叫中心服务的进入门槛低，多存在于商业服务形态中，从业者流动性较大，以经济利润为导向，以达成销售为主要考核标准，服务质量考评标准不完善。电话营销或销售中心在各个行业均有配置，许多行业是在客服中心的基础上，根据服务营销转型的程度逐渐孵化出比例不同的营销模块。中国台湾东森电视台创办的东森购物是电视购物的初代形态，后期我国大陆地区的湖南卫视快乐购、江苏卫视好享购都是电视购物的典型代表，其自有电视台资源，有稳定播出时段和受众人群，公信力较强；而橡果国际电视购物和七星购物是租用电视台时段资源进行营销引入客流的典型代表。在实际运营中，对一定时限内的语音接通率、平均单次通话时长、一次下单率、妥投率及搭销率(主产品或者服务达成的同时，在服务场景中由人工或在线推送完成一个或者多个其他隐性产品或者服务的销售)十分看重，是电视购物行业应用的特点。此外，一些通过电话方式推介产品或者服务的电话营销中心也屡见不鲜，如电话推介信用卡或者贷款分期服务、白酒销售、保健品销售、邮票等收藏品销售等。

从呼叫中心应用于各个行业的情况来看，通信行业、金融业、IT与互联网行业、消费产品与服务业、政府与公用事业、医疗卫生行业、制造业、能源行业、交通运输行业、旅游及服务业，以及第三方专业服务提供商等应用较为广泛，其中通信行业、金融业、IT与互联网行业运营水平整体较高。在近5年的人工智能与大数据应用实践中，通信行业、银行业、汽车行业、旅游行业及零售业在真实业务场景中形成了较完善的盈利机制和逻辑流程，是呼叫中心新型形态明确实现数据变现和利润转化的行业。

▶▶▶ **练习题**

1. 思考呼叫中心在国家社会保险服务场景中的外呼实践。
2. 思考第三方呼叫中心专业服务提供商有别于其他自建呼叫中心的运营特点。
3. 思考现场派遣服务受理中心常见的 5 项考评指标。

2.2 岗位职责基础知识

为了帮助呼叫中心服务员岗位从业者明确基本工作要求，从精神层面、思想层面、行动层面达成统一标准，提升呼叫中心运营机构的核心服务水平和运营效用，保障生产力的持续发展，推动呼叫中心与相关从属单位或者部门的联动，实现客户体验最优实践，需要针对呼叫中心服务员岗位从业者定义明确的岗位职责，一般称为职位说明书。岗位职责的定义有利于各项指标的达成，并能对呼叫中心服务员岗位从业者的日常工作起指引作用。

表2.1~表2.11列举了11种职位的相关信息及岗位职责。

表2.1 客户服务代表(话务)的相关信息及岗位职责

职位名称		客户服务代表(话务)	职位编号	0000xx
所属部门		综合话务组	关键职位标识	业务受理
直接上级职位名称		组长	直接下级职位名称	一
岗位定级		生产岗		
工作目的		负责xxxx客服中心的呼入电话业务		
编制日期		xxxx年xx月xx日	审核人	
	序号	描述		
主要职责	1	负责综合受理各类业务，对××客户提供业务咨询、费用查询、故障申告、投诉受理等服务		
	2	积极参加各类业务培训，不断提高自身素质和业务技能		
	3	收集、整理客户信息，及时向上级部门反映		
	4	在客户服务过程中，正确引导客户使用××产品，把握销售机会，促成交易，同时做好新业务的促销工作		
	5	严格遵守各项纪律和管理规范，依照业务流程和业务规范开展工作		
	6	积极、主动地配合，发扬团队精神，按时完成本职工作及上级下达的任务		
素质要求	受教育程度	高中及中专以上学历(特殊行业要求有所提升，如金融行业普遍要求本科以上)		
	工作经验	有行业工作经验或营销工作经验的优先考虑		
	专业背景	了解客户心理学知识，熟悉××业务知识、业务流程		
	综合素质	具有良好的职业道德和较强的责任心		
	星级评定	根据《×××××客服中心星级评定办法——综合话务组》评定		

续表

技能 要求	技术技能	◆ 熟悉操作系统 ◆ 使用微软办公软件 　√ 能使用Word、Excel软件 ◆ 使用电话系统 　√ 能正确使用数字话机应急注册操作方法 ◆ 使用支撑系统 　√ 能正确使用××××系统，并通过系统准确地查询客户资料、处理客户问题 　√ 能正确使用××××系统，准确地注册电话接入系统 　√ 能正确使用××系统，完成日常考试任务 　√ 能正确使用×××系统，准确地查询客户资料并受理简单业务 　√ 能正确使用××××系统，准确地查询客户故障和下派故障工单 　√ 能正确使用××××系统，准确地发起外呼营销活动并完成答卷
	软技能	◆ 口头表达能力 　√ 具备正确而清楚的交流能力 　√ 能流利、清晰地使用普通话或××方言交流，发音准确 ◆ 书面表达能力 　√ 能精准归纳客户反映的问题，并总结成语法正确的文字 　√ 能精准归纳投诉工单的处理结果，并总结成语法正确的文字 　√ 能精准归纳业务受理工单的申请结果，并总结成语法正确的文字 ◆ 理解能力 　√ 清晰地理解客户反映的问题 ◆ 打字能力 　√ 使用五笔或拼音录入中文，速度50字/分钟以上，英文录入速度30单词/分钟以上 ◆ 电话服务技能 　√ 注意倾听客户问题 　√ 能准确使用服务规范用语 　√ 共情客户的能力 　√ 能确定客户需求的优先顺序 　√ 能根据客户的具体情况，灵活地提供电话服务 ◆ 投诉处理技能 　√ 安抚客户情绪的能力 　√ 处理客户异议的能力 ◆ 电话销售技能 　√ 主动了解客户需求，推荐合适的业务或产品进行销售 　√ 能根据客户的具体情况及时调整销售方案 　√ 能成功促成和实现销售
	产品知识	熟悉××产品或者服务名录
	流程知识	掌握××操作流程

续表

招聘要求	要求细则	考核要求	考核方式
受教育程度	高中及中专以上学历(特殊行业有所差异)	达到要求	查看相关证书
年龄要求	35周岁以下	具备计算机基础及办公软件操作能力,能使用Word、Excel软件	上机操作
表达能力	能使用普通话或××方言交流,发音准确	汉字输入每分钟60字以上	上机操作

表2.2　后台专员的相关信息及岗位职责

职位名称		后台专员	职位编号	
所属部门		运营支撑部	关键职位标识	—
直接上级职位名称		后台组长	直接下级职位名称	—
岗位定级		生产岗		
工作目的		负责中心后台工单派发处理,提高热线服务水平与工单质量		
编制日期			审核人	
主要职责	序号	描述		
	1	负责中心后台工单处理,及时、准确地将各类工单派发到管理部门		
	2	负责做好后台检测中的问题记录,及时反馈、纠正、处理,同时做好监督工作		
	3	积极参加各类业务培训,不断提高自身素质和业务技能		
	4	严格遵守生产安全制度、管理规范等公司规章制度,依照工作流程和工作规范开展工作		
	5	积极、主动地配合,发扬团队精神,按时完成本职工作及上级下达的任务		
素质要求	受教育程度	大专及以上学历		
	工作经验	满足话务员的全部能力要求,掌握业务类、工单处理类相关业务知识,同时需要6个月以上一线工作经验		
	专业背景	无特别的专业要求		
	综合素质	具有高度的敬业精神和团队合作意识,有强烈的责任心和抗压能力,具有良好的职业道德和较强的责任心;善于沟通,有亲和力;有一定的理解能力和文字归纳能力;注重工作细节,能理性思考问题		
技能要求	技术技能	◆ 熟悉操作系统 ◆ 使用微软办公软件 　√ 能使用Word、Excel软件 ◆ 使用电话系统 　√ 能使用话务监听系统 ◆ 使用支撑系统 　√ 能使用网盘及即时通信系统		

技能要求	软技能	◆ 口头表达能力 ✓ 能正确而清楚地交流 ✓ 能流利、清晰地用普通话交流，发音准确 ✓ 能听懂方言，并做相应回答 ◆ 书面表达能力 ✓ 能精准归纳后台工单中发现的问题，并总结成语法正确的文字 ✓ 能精准归纳后台监测中的问题，并总结成语法正确的文字 ◆ 理解能力 ✓ 清晰地理解工单中反映的问题 ◆ 打字能力 ✓ 使用五笔或拼音录入中文，速度60字/分钟以上 ◆ 电话服务技能 ✓ 能准确使用服务规范用语 ✓ 能准确分析用户反映的事项 ✓ 能确定用户需求的优先顺序 ✓ 能根据客户的具体情况，按照规范流程进行处理 ✓ 具有共情客户的能力 ◆ 投诉处理技能 ✓ 安抚客户情绪的能力 ✓ 处理客户异议的能力 ✓ 正确转派工单至相关管理部门的能力
	产品知识	◆ 综合业务知识
	流程知识	◆ 话术问候 ✓ 处理客户电话的过程中，能够正确使用规范话术 ◆ 问题处理 ✓ 掌握工单处理规范，能够处理客户的咨询、投诉和建议等，信息明确无误 ◆ 正确处置工单 ✓ 根据问题的具体内容正确转派给相关管理部门

招聘要求	要求细则	考核要求	考核方式
受教育程度	高中或中专及以上学历	达到要求	查看相关证书
年龄要求	40周岁以下	具备计算机基础及办公软件操作能力，能使用Word、Excel软件	上机操作
表达能力	能使用普通话交流，发音准确，听得懂方言，并能做相应回答	汉字输入每分钟60字以上	上机操作

表2.3　投诉处理专员的相关信息及岗位职责

职位名称	投诉处理专员	职位编号	
所属部门	运营支撑部	关键职位标识	—
直接上级职位名称	投诉处理主管	直接下级职位名称	—
岗位定级	生产岗		
工作目的	负责中心投诉处理工作		
编制日期		审核人	

	序号	描述
主要职责	1	负责及时、准确地处理客户投诉，跟踪投诉工单派发后的流转过程，并做好协调推进工作
	2	负责收集、整理投诉信息，协助主管进行投诉数据的整理和分析
	3	积极参加各类业务培训，不断提高自身素质和业务技能
	4	严格遵守生产安全制度、管理规范等公司规章制度，依照工作流程和工作规范开展工作
	5	积极、主动地配合，发扬团队精神，按时完成本职工作及上级下达的任务

	受教育程度	大专及以上学历
素质要求	工作经验	具备话务员的全部能力要求，掌握所有业务类、工单流程类相关业务知识，具备6个月以上一线工作经验
	专业背景	无特别的专业要求
	综合素质	具有良好的职业道德和较强的责任心，具备一定的抗压能力；善于沟通，具备敏锐的观察力和总结能力；具有高度的敬业精神和团队合作意识；注重工作细节，能理性思考问题

	技术技能	◆熟悉操作系统 ◆使用微软办公软件 　√ 能使用Word、Excel软件 ◆使用电话系统 　√ 能使用座席呼入系统 　√ 能使用座席监听系统 ◆使用支撑系统 　√ 能使用录音质检系统 　√ 能使用工单系统 　√ 能使用网盘及即时通信系统
技能要求	软技能	◆书面表达能力 　√ 能精准归纳质检中发现的问题，并总结成语法正确的文字 ◆理解能力 　√ 清晰地理解工单和录音中反映的问题 ◆打字能力 　√ 使用五笔或拼音录入中文，速度60字/分钟以上 ◆电话服务技能

续表

技能要求	软技能	✓ 能准确使用服务规范用语 ✓ 能准确分析客户反映的事项 ✓ 能确定客户需求的优先顺序 ✓ 能根据客户的具体情况，按照规范流程进行处理 ✓ 具有共情客户的能力 ◆ 投诉处理技能 ✓ 安抚客户情绪的能力 ✓ 处理客户异议的能力 ✓ 正确转派工单至相关管理部门的能力
	产品知识	◆ 综合业务知识
	流程知识	◆ 投诉处理流程、工作规范 ✓ 负责执行投诉处理流程及工作规范

招聘要求	要求细则	考核要求	考核方式
受教育程度	大专及以上学历	达到要求	查看相关证书
年龄要求	40周岁以下	具备计算机基础及办公软件操作能力，能使用Word、Excel软件	上机操作
表达能力	能使用普通话交流，发音准确，听得懂方言，并能做相应回答	汉字输入每分钟60字以上	上机操作

表2.4　多媒体座席受理员的相关信息及岗位职责

职位名称	多媒体座席受理员	职位编号	
所属部门	信息板块	关键职位标识	—
直接上级职位名称	多媒体组组长	直接下级职位名称	—
岗位定级	生产岗		
工作目的	负责公司网站、手机客户端、双向通道等渠道"诉求受理"工单的处理与回复		
编制日期		审核人	

主要职责	序号	描述
	1	负责公司网站、手机客户端、双向通道等渠道"诉求受理"工单的处理与回复
	2	负责根据"多媒体座席转接流程"承接相关转接事项
	3	及时将多渠道受理中遇到的突发事件、疑难事项向班组长上报
	4	积极参加各类业务培训，不断提高自身素质和业务技能
	5	根据热线运营的考核要求，完成相应考核任务，做好安全生产、信息安全等相关工作
	6	严格遵守各项纪律和管理规范，依照工作流程和工作规范开展工作
	7	积极、主动地配合，发扬团队精神，按时完成本职工作及上级下达的任务

素质要求	受教育程度	大专及以上学历
	工作经验	具有在线多媒体客服、编辑、呼叫中心管理等工作经验
	专业背景	无特别的专业要求
	综合素质	具有高度的敬业精神和团队合作意识，有强烈的责任心和抗压能力，具备良好的沟通能力、辅导能力及组织协调能力、人际关系处理能力；具有良好的分析、总结能力和解决问题的能力
技能要求	技术技能	◆熟悉操作系统 ◆使用微软办公软件 　√ 能使用Word、Excel软件 ◆使用支撑系统 　√ 能正确使用呼叫中心管理平台，并根据多渠道受理操作手册中的相关规定，准确受理客户诉求 　√ 能正确使用呼叫中心管理平台的考试系统模块，正常完成日常考试任务 　√ 能正确使用运营管理系统平台，完成行政、党群、人事等相关工作
	软技能	◆口头表达能力 　√ 能正确而清楚地交流 　√ 能流利、清晰地用普通话交流，发音准确 　√ 能听懂方言，并做相应回答 ◆书面表达能力 　√ 能精准归纳客户反映的问题，总结成语法正确的文字 　√ 能精准归纳投诉工单的处理结果，总结成语法正确的文字 　√ 能精准归纳业务受理工单的申请结果，总结成语法正确的文字 ◆理解能力 　√ 清楚地理解客户反映的问题 　√ 具备较强的新闻敏感性，有一定的信息挖掘能力和信息整合能力 ◆打字能力 　√ 使用五笔或拼音录入中文，速度70字/分钟以上 ◆服务技能 　√ 能准确使用服务规范用语 　√ 能准确分析客户反映的事项 　√ 能确定客户需求的优先顺序 　√ 能根据客户的具体情况，按照规范流程进行处理 　√ 具有共情客户的能力 ◆投诉处理技能 　√ 安抚客户情绪的能力 　√ 处理客户异议的能力 　√ 正确转派工单至相关管理部门的能力
	产品知识	◆综合业务知识
	流程知识	◆话术问候 　√ 多渠道受理服务过程中，能够正确使用规范话术

续表

技能要求	流程知识	◆问题受理 　✓掌握多渠道受理规范，能够受理客户的咨询、投诉和建议等，信息明确无误 ◆整理与转派工单 　✓能将客户反映的问题归纳成工单，并根据反映的具体内容正确转派给相关管理部门		

招聘要求	要求细则	考核要求	考核方式
受教育程度	本科及以上学历	达到要求	查看相关证书
年龄要求	35周岁以下	具备计算机基础及办公软件操作能力，能使用Word、Excel软件	上机操作
表达能力	能使用普通话交流，发音准确，听得懂方言，并能做相应回答	汉字输入每分钟70字以上	上机操作

表2.5　后台主管的相关信息及岗位职责

职位名称	后台主管		职位编号	
所属部门	运营支撑部		关键职位标识	—
直接上级职位名称	后台督导		直接下级职位名称	后台组长
岗位定级	管理岗			
工作目的	负责中心后台工单处理的统筹工作，提高热线服务水平与工单质量，并做好各组组长及其组内后台人员的有序管理			
编制日期			审核人	

	序号	描述
主要职责	1	负责中心后台工单处理监控工作，监控各类工单派发和退单处理的及时性、准确性和有效性，并做好相关客观记录；负责后台检测过程中的问题记录，及时反馈、纠正、处理，同时做好监督工作
	2	完成包括但不限于有责退单率、安全、节能等指标，辅导下级管理人员开展工作
	3	收集后台系统需求和改善建议，以及测试和现场使用反馈
	4	负责做好各组组长及组内后台人员的考勤，以及其他工作表现的相关总结与记录
	5	积极参加各类业务培训，不断提高自身素质和业务技能
	6	严格遵守生产安全制度和管理规范等公司规章制度，依照工作流程和工作规范开展工作
	7	积极、主动地配合，发扬团队精神，按时完成本职工作及上级下达的任务

续表

素质 要求	受教育程度	大专及以上学历
	工作经验	满足话务员的全部能力要求，掌握后台相关业务知识，并有一定基层管理工作经验
	专业背景	无特别的专业要求
	综合素质	具有高度的敬业精神和团队合作意识，有强烈的责任心和抗压能力，具备良好的沟通能力、辅导能力及组织协调能力、人际关系处理能力；具有良好的分析、总结能力和问题解决能力
技能 要求	技术技能	◆熟悉操作系统 ◆使用微软办公软件 　√能使用Word、Excel软件 ◆使用电话系统的能力 　√能使用话务监听系统 ◆使用支撑系统 　√能使用话务平台支撑管理系统 　√能使用工单管理系统 　√能使用数据报表系统
	软技能	◆数据分析能力 　√掌握数据分析的基本原理与一些有效的数据分析方法，并能做到灵活运用，可以有效地开展数据分析 　√能使用数据报表系统，在读懂数据报表的基础上分析报表，从数据报表中发现问题，分析问题，寻求应对方法 　√能对数据分析结论提出有指导意义的建议 ◆人员辅导能力和目标管理能力 　√对团队成员的业务能力、心理承受能力、沟通技巧等有全面的认识，能根据团队成员的特点做有效辅导与沟通，并做好后续跟踪 　√能够对工作中的成绩、不足和错误进行对照、总结，经常进行自检自查，通过自我监督与反思，能更好地实现目标 ◆员工异常情绪处理技能 　√掌握一定的心理学知识，具备及时安抚员工情绪的能力 ◆团队领导能力 　√能够与团队成员有效沟通，能够协调好团队成员之间的关系 　√能够及时处理团队突发事件，提升团队战斗力 　√能够对团队成员的个人动态进行细致观察，有亲和力、感染力和良好的沟通能力；能够全心为团队着想，全意为团队服务 　√有领导才能，能够激励团队成员；可有效、有秩序地利用资源，以达成目标
	产品知识	◆综合业务知识
	流程知识	◆后台工单处理流程 　√负责修订、完善后台工单处理流程

续表

招聘要求	要求细则	考核要求	
受教育程度	大专及以上学历	达到要求	查看相关证书
年龄要求	40周岁以下	具备计算机基础及办公软件操作能力，能使用Word、Excel软件	上机操作
表达能力	能使用普通话交流，发音准确，听得懂方言，并能做相应回答	汉字输入每分钟40字以上	上机操作

表2.6 后台组长的相关信息及岗位职责

职位名称	后台组长	职位编号	
所属部门	运营支撑部	关键职位标识	—
直接上级职位名称	后台主管	直接下级职位名称	后台专员
岗位定级	生产岗		
工作目的	负责中心后台工单处理，提高团队整体的服务水平与工单质量，做好组内后台人员的有序管理		
编制日期		审核人	

	序号	描述
主要职责	1	负责中心后台工单处理，将各类工单派发到管理部门，处理管理部门退单工作，并做好相关客观记录；负责后台检测过程中的问题记录，及时反馈、纠正、处理，同时做好监督工作
	2	协助上级主管的各项工作，确保完成板块内的各项业绩指标
	3	负责做好组内的班务通知、考勤记录、班组纪律规范等相关管理工作，确保组内成员保质保量完成业绩
	4	关心、关爱组内员工，增强小组凝聚力并做好组内人员离职挽留工作
	5	积极参加各类业务培训，不断提高自身素质和业务技能
	6	严格遵守生产安全制度、管理规范等公司规章制度，依照工作流程和工作规范开展工作
	7	积极、主动地配合，发扬团队精神，按时完成本职工作及上级下达的任务

	受教育程度	大专及以上学历
素质要求	工作经验	满足话务员的全部能力要求，掌握后台相关业务知识，同时需要6个月以上一线前台工作经验
	专业背景	无特别的专业要求
	综合素质	具备良好的组织协调能力与敏锐的观察力；具有良好的分析、总结能力和问题解决能力；具有高度的敬业精神和团队合作意识，有强烈的责任心和抗压能力，具有良好的职业道德和较强的责任心；善于沟通，有亲和力；有一定的理解能力和文字归纳能力；能把控工作细节，理性思考问题

技能要求	技术技能	◆熟悉操作系统 ◆使用微软办公软件 　√能使用Word、Excel软件 ◆使用电话系统的能力 　√能使用话务监听系统 ◆使用支撑系统 　√能使用网盘及即时通信系统
	软技能	◆数据分析能力 　√掌握数据分析的基本原理与一些有效的数据分析方法，并能做到灵活运用，可以有效地开展数据分析 　√能使用数据报表系统，在读懂数据报表的基础上分析报表，从数据报表中发现问题，分析问题，寻求应对方法 　√能对数据分析结论提出有指导意义的建议 ◆书面表达能力 　√能精准归纳后台工单中发现的问题，并总结成语法正确的文字 　√能精准归纳后台监测中的问题，并总结成语法正确的文字 　√能做好组内后台人员的考勤以及其他工作表现的相关总结与记录，而且准确无误 ◆现场协调技能 　√能与各板块密切协作 　√能密切各组的关系 　√能合理设置各类任务及情况的优先级并予以落实 ◆员工异常情绪处理技能 　√掌握一定的心理学知识，具备及时安抚员工情绪的能力 ◆团队管理技能 　√能够与团队成员有效沟通，能够协调好团队成员之间的关系 　√能够及时处理团队突发事件，提升团队战斗力 　√能够对团队成员的个人动态进行细致观察，有亲和力、感染力和良好的沟通能力；能够全心为团队着想，全意为团队服务
	产品知识	◆综合业务知识
	流程知识	◆话术问候 　√处理客户电话的过程中，能够正确使用规范话术 ◆问题处理 　√掌握工单处理规范，能够处理客户的咨询、投诉和建议等，信息明确无误 ◆正确处置工单 　√能根据问题的具体内容正确转派给相关管理部门

招聘要求	要求细则	考核要求	考核方式
受教育程度	大专及以上学历	达到要求	查看相关证书
年龄要求	40周岁以下	具备计算机基础及办公软件操作能力，能使用Word、Excel软件	上机操作
表达能力	能使用普通话交流，发音准确，听得懂方言，并能做相应回答	汉字输入每分钟40字以上	上机操作

表2.7　质控专员的相关信息及岗位职责

职位名称		质控专员	职位编号	
所属部门		运营支撑部	关键职位标识	—
直接上级职位名称		质控组长	直接下级职位名称	—
岗位定级		生产岗		
工作目的		负责中心服务质量检测工作，监督并提升话务员整体服务质量		
编制日期			审核人	
主要职责	序号	描述		
	1	负责中心服务质量检测工作，提出改进措施，监督客服代表不断提升服务技能和业务水平		
	2	严格执行质检标准，客观记录检测情况及评定内容，做好汇总		
	3	做好质量检测中的问题记录并及时反馈，同时做好跟踪工作		
	4	积极参加各类业务培训，不断提高自身素质和业务技能		
	5	严格遵守生产安全制度、管理规范等公司规章制度，依照工作流程和工作规范开展工作		
	6	积极、主动地配合，发扬团队精神，按时完成本职工作及上级下达的任务		
素质要求	受教育程度	大专及以上学历		
	工作经验	满足话务员的全部能力要求，掌握中心的所有业务知识，具备6个月以上的一线工作经验		
	专业背景	无特别的专业要求		
	综合素质	具有良好的职业道德和较强的责任心，具备一定抗压能力；善于沟通，具备敏锐的观察力和总结能力；具有高度的敬业精神和团队合作意识；能把控工作细节，理性思考问题		
技能要求	技术技能	◆熟悉操作系统 ◆使用微软办公软件 　√能使用Word、Excel软件 ◆使用电话系统的能力 　√能使用座席呼入系统 ◆使用支撑系统 　√能使用录音质检系统 　√能使用工单系统 　√能使用网盘及即时通信系统		
	软技能	◆书面表达能力 　√能精准归纳质检中发现的问题，并总结成语法正确的文字 ◆理解能力 　√清楚地理解工单和录音中反映的问题 ◆数据分析能力 　√掌握数据分析的基本原理与一些有效的数据分析方法，并做到灵活运用，可以有效地开展数据分析。 　√能使用数据报表系统，在读懂数据报表的基础上分析报表，从数据报表中发现问题，分析问题，寻求应对方法 ◆打字能力 　√使用五笔或拼音录入中文，速度40字/分钟以上		

续表

技能要求	产品知识	◆综合业务知识		
	流程知识	◆业务监控 √掌握质量监控流程，按照评估规则对电话服务进行评定，并将评定内容正确、简洁地通过书面形式体现，信息明确无误 ◆质量反馈 √能按照反馈规则将质量情况准确传递，反馈内容需要通过书面形式体现，信息明确无误		

招聘要求	要求细则	考核要求	考核方式
受教育程度	大专及以上学历	达到要求	查看相关证书
年龄要求	40周岁以下	具备计算机基础及办公软件操作能力，能使用Word、Excel软件	上机操作
表达能力	能使用普通话交流，发音准确，听得懂方言，并能做相应回答	汉字输入每分钟40字以上	上机操作

表2.8 数据流程专员的相关信息及岗位职责

职位名称	数据流程专员	职位编号	
所属部门	运营支撑部	关键职位标识	—
直接上级职位名称	数据流程主管	直接下级职位名称	—
岗位定级	生产岗		
工作目的	负责中心运营数据的统计、整理、汇总、分析和报送，负责中心运营流程掌握及执行情况的抽查		
编制日期		审核人	

主要职责	序号	描述
	1	按要求对中心运营数据进行统计、整理、汇总、分析和报送，保证准确性、及时性和直观性
	2	按要求对中心运营流程的掌握及执行情况进行抽查，确保样本量和覆盖面，做好反馈和记录
	3	积极参加各类培训，不断提高自身素质和业务技能
	4	严格遵守生产安全制度、管理规范等公司规章制度，依照工作流程和工作规范开展工作
	5	积极、主动地配合，发扬团队精神，按时完成本职工作及上级下达的任务

素质要求	受教育程度	大专及以上学历
	工作经验	3个月以上前台受理岗位工作经验
	专业背景	无特别的专业要求
	综合素质	具有高度的敬业精神、团队合作意识和责任心，具备良好的学习、观察、分析、总结能力；耐心细致，能把控工作细节，具备良好的信息安全保密意识

续表

技能要求	技术技能	◆熟悉操作系统 　√计算机开机、关机、锁屏、密码设置 ◆使用微软办公软件 　√精通Excel软件 　√熟练掌握Word和PPT软件 ◆使用电话系统 　√熟练使用座席呼入系统 ◆使用支撑系统 　√熟练使用工单系统、运营管理系统、即时通信系统和网盘等
	软技能	◆口头表达能力 　√能够正确而清楚地交流 ◆书面表达能力 　√能将数据分析和流程抽查的结果通过书面形式准确表达，逻辑合理，行文规范 ◆流程管理能力 　√掌握流程管理理念，对流程实施有一定的敏感度，能够通过录音监听和现场观察了解流程执行情况，及时发现流程执行中的问题，并提出改善建议 ◆数据分析能力 　√掌握数据分析的基本原理与一些有效的数据分析方法，并能做到灵活运用，可以有效地开展数据分析 　√能使用数据报表系统，在读懂数据报表的基础上分析报表，从数据报表中发现问题，分析问题，寻求应对方法 　√能对数据分析结论提出有指导意义的建议 ◆理解能力 　√清楚地理解流程及规则 ◆发现能力 　√对数字有一定的敏感性，善于发现问题
	产品知识	◆综合业务知识
	流程知识	◆熟悉中心所有运营流程

招聘要求	要求细则	考核要求	考核方式
受教育程度	大专及以上学历	达到要求	查看相关证书
年龄要求	40周岁以下	具备计算机基础及办公软件操作能力，精通Excel常用公式与函数及其他统计分析功能，能够熟练使用Word和PPT	上机操作
表达能力	能使用普通话交流，发音准确，听得懂方言，并能做相应回答	汉字输入每分钟40字以上	上机操作

表2.9　培训师的相关信息及岗位职责

职位名称		培训师	职位编号	
所属部门		运营支撑部	关键职位标识	—
直接上级职位名称		业务培训主管	直接下级职位名称	—
岗位定级		生产岗		
工作目的		熟练掌握、运用中心综合技能，完成知识传递、技能传递、标准传递、信息传递、信念传递等工作，并引导培训对象从培训中学会学习、思考、创新，实现个人潜能的有效释放		
编制日期			审核人	
主要职责	序号	描述		
	1	熟练掌握、运用中心综合技能，掌握培训技能，有组织地完成知识传递、技能传递、标准传递、信息传递、信念传递		
	2	挖掘培训的重点，把思维变革、观念更新、潜能开发等纳入培训的内容，确保客户服务的各项标准达到客户、公司所规定的水平		
	3	引导培训对象从培训中学会学习、思考、创新，实现个人潜能的有效释放		
	4	根据要求制作培训课件，完成全员培训		
	5	分析培训需求，有针对性地设计小班化培训方案、准备培训课件，灵活运用多种培训形式，完成培训课程		
	6	重点开发一线员工的业务技能与服务意识培训课程，以及中层以上员工职业素质培训课程		
	7	准确地反映培训转化效果，提供相关培训总结报告		
	8	积极参加各类业务培训，不断提高自身素质和业务技能		
	9	严格遵守生产安全制度、管理规范等公司规章制度，依照工作流程和工作规范开展工作		
	10	积极、主动地配合，发扬团队精神，按时完成本职工作及上级下达的任务		
素质要求	受教育程度	大专及以上学历		
	工作经验	掌握项目业务知识和电话服务技巧，有一定的呼叫中心培训背景		
	专业背景	无特别的专业要求		
	综合素质	具有高度的敬业精神和团队合作意识，有强烈的责任心和抗压能力，具备良好的沟通能力、辅导能力及组织协调能力、人际关系处理能力；具有良好的分析、总结能力和问题解决能力		
技能要求	技术技能	◆熟悉操作系统 ◆使用微软办公软件 　✓能使用Word、Excel软件 ◆使用电话系统 　✓能使用座席呼入系统 ◆使用支撑系统 　✓能使用话务平台支撑管理系统 　✓能使用工单管理系统 　✓能使用数据报表系统		

续表

技能要求	软技能	◆数据分析能力 　√掌握数据分析的基本原理与一些有效的数据分析方法，并能做到灵活运用，可以有效地开展数据分析 　√能使用数据报表系统，在读懂数据报表的基础上分析报表，从数据报表中发现问题，分析问题，寻求应对方法 　√能对数据分析结论提出有指导意义的建议 ◆人员辅导能力和目标管理能力 　√对团队成员的业务能力、心理承受能力、沟通技巧等有全面的认识，能根据团队成员的特点做有效辅导与沟通，能实时把控并做好后续跟踪 　√能够对工作中的成绩、不足和错误进行对照、总结，经常进行自检自查，通过自我监督与反思，能更好地实现目标 ◆口头表达能力 　√能够正确而清楚地交流 　√能流利、清晰地使用普通话交流，发音准确 　√能听懂方言，并做相应回答 ◆课件制作与授课能力 　√能够挖掘培训重点，在培训过程中纳入思维变革、观念更新与潜能开发 　√能够制作培训课件，完成全员培训，课件语法正确无误，便于理解与学习 　√能够进行培训需求分析，能够设计小班化培训方案，完成培训课程 　√能够撰写相关培训总结报告，准确反映培训转化效果 ◆理解能力 　√能够清楚地理解员工反映的问题 　√对内容有较强的敏感性，有一定的信息挖掘能力和信息整合能力 　√善于抓住培训重点并进行深入挖掘，及时更新培训内容 ◆打字能力 　√使用五笔或拼音录入中文，速度45字/分钟以上 ◆培训授课技能 　√具有良好的沟通与协调能力 　√熟悉培训渠道及流程 　√了解培训相关知识
	产品知识	◆综合业务知识
	流程知识	◆业务流程知识 　√将业务流程知识转化成课件

招聘要求	要求细则	考核要求	考核方式
受教育程度	大专及以上学历	达到要求	查看相关证书
年龄要求	35周岁以下	具备计算机基础及办公软件操作能力，能使用Word、Excel软件	上机操作
表达能力	能使用普通话交流，发音准确，听得懂方言，并能做相应回答	汉字输入每分钟45字以上	上机操作

表2.10　话务组长的相关信息及岗位职责

职位名称			话务组长	职位编号	
所属部门			渠道服务部	关键职位标识	—
直接上级职位名称			值班长	直接下级职位名称	话务受理员
岗位定级			生产岗		
工作目的			负责对组内话务员进行管理，处理疑难情况，受理客户来电		
编制日期				审核人	
主要职责		序号	描述		
		1	负责综合受理客户来电，处理现场升级接电要求		
		2	做好组内的班务通知、考勤记录、班组纪律规范等相关管理工作		
		3	通过自行监听结合质控反馈数据把控组员业务、态度，做好新员(试用期内人员)及后进人员辅导跟踪，开展班会，做好组内成员的辅导工作		
		4	配合值班长合理安排组内放休、用餐，关心组员及其精神风貌，增强小组凝聚力并做好组内人员离职挽留工作		
		5	积极参加各类业务培训，不断提高自身素质和业务技能		
		6	严格遵守生产安全制度、管理规范等公司规章制度，依照工作流程和工作规范开展工作		
		7	积极、主动地配合，发扬团队精神，按时完成本职工作及上级下达的任务		
素质要求	受教育程度		大专及以上学历		
	工作经验		具备话务员的全部能力要求，掌握政务类、社会管理类相关业务知识		
	专业背景		无特别专业要求		
	综合素质		具有高度的敬业精神和团队合作意识，有强烈的责任心和抗压能力，具备良好的沟通能力、辅导能力及组织协调能力、人际关系处理能力；具有良好的分析、总结能力和问题解决能力		
技能要求	技术技能		◆熟悉操作系统 ◆使用微软办公软件 　√能使用Word、Excel软件 ◆使用电话系统的能力 　√能使用座席呼入系统 　√能使用座席监听系统 ◆使用支撑系统 　√能使用网盘及即时通信系统 　√能使用工单管理系统		
	软技能		◆书面表达能力 　√能精准归纳客户反映的问题、投诉工单的处理结果，并总结成语法正确的文字 　√按照既定表单，清晰、准确地填写相关内容		

续表

技能要求	软技能	◆基础数据能力 　√能按时通过系统准确采集数据 　√能够使用Excel汇总及基础功能对报表进行整理 　√能根据数据报表对组员业务进行管控 ◆培训能力 　√具备一定的授课技巧，能够通过早晚班会及培训形式帮助员工迅速掌握业务知识 ◆辅导能力 　√能发现组内成员的个人短板并提供有针对性的方案和帮助 　√及时跟踪辅导效果并评估 ◆理解能力 　√清楚地理解客户及组员反映的问题 ◆电话服务技能 　√能准确使用服务规范用语 　√能准确分析客户反映的事项 　√能确定客户需求的优先顺序 　√能根据客户的具体情况，按照规范流程进行处理 　√具有共情客户的能力 ◆投诉处理技能 　√安抚客户情绪的能力 　√处理客户异议的能力 　√正确转派工单至相关管理部门的能力 ◆员工异常情绪处理技能 　√掌握一定的心理学知识，具备及时安抚员工情绪的能力
	产品知识	◆综合业务知识
	流程知识	◆话术问候 　√受理客户电话过程中，能够正确使用规范话术 ◆问题受理 　√掌握话务受理规范，能够受理客户的咨询、投诉和建议等，信息明确无误 ◆整理与转派工单 　√能将客户反映的问题归纳成工单，并根据投诉的具体事项正确转派给相关管理部门

招聘要求	要求细则	考核要求	考核方式
受教育程度	大专及以上学历	达到要求	查看相关证书
年龄要求	40周岁以下	具备计算机基础及办公软件操作能力，能使用Word、Excel软件	上机操作
表达能力	能使用普通话交流，发音准确，听得懂方言，并能做相应回答	汉字输入每分钟40字以上	上机操作

表2.11　知识库信息采编专员的相关信息及岗位职责

职位名称	知识库信息采编专员	职位编号	
所属部门	信息板块	关键职位标识	一
直接上级职位名称	知识库组长	直接下级职位名称	一
岗位定级	生产岗		
工作目的	对知识库进行日常信息发布和更新，保证各项信息传递和公布的准确、及时、全面，并做好相关整理、分析工作，提高知识体系的掌握度和员工的查询效率		
编制日期		审核人	

主要职责	序号	描述
	1	整理、分析知识库查询需求，不断创新知识体系的呈现形式，如视频、图片等，提高知识体系的易查性、易用性
	2	不断跟进业务分类逻辑，合理规划及定期优化知识库组织架构，提升服务人员的查询效率
	3	提出知识库系统优化需求并跟踪落实
	4	负责知识库的日常信息发布和更新，保证各项信息传递和公布的准确、及时
	5	积极参加各类业务培训，不断提高自身素质和业务技能，并做好相关业务功能优化的测试工作
	6	根据热线运营的考核要求，完成相应考核任务，做好生产安全、信息安全相关工作
	7	严格遵守各项纪律和管理规范，依照工作流程和工作规范开展工作
	8	积极、主动地配合，发扬团队精神，按时完成本职工作及上级下达的任务

素质要求	受教育程度	大专及以上学历
	工作经验	具有在线多媒体客服、编辑、呼叫中心管理等工作经验
	专业背景	中文、新闻、汉语言文学、公共服务等相关专业优先
	综合素质	较强的文字功底和文字编辑与提取能力；具有知识库数据分析、整理、统计的能力；具备较强的新闻敏感性，有一定的信息挖掘能力和信息整合能力；具有高度的敬业精神和团队合作意识，有强烈的责任心和抗压能力，具有良好的分析、总结能力和问题解决能力

技能要求	技术技能	◆熟悉操作系统 ◆使用微软办公软件 　✓能使用Word、Excel软件 ◆使用支撑系统 　✓能正确使用呼叫中心管理平台、网站后台发布系统，完成日常工作 　✓能正确使用呼叫中心管理平台的考试系统模块，正常完成日常考试任务 　✓能正确使用运营管理系统平台，完成行政、党群、人事等相关工作
	软技能	◆口头表达能力 　✓能正确而清楚地交流 　✓能流利、清晰地使用普通话交流，发音准确 　✓能听懂方言，并做相应回答

续表

技能要求	软技能	◆书面表达能力 √具备一定的文字编辑和提取能力，能够将政策与文件归纳、总结成知识库中合理、规范的文字，而且语法正确 √能精准归纳投诉工单的处理结果，并总结成语法正确的文字 √能精准归纳业务受理工单的申请结果，并总结成语法正确的文字 √能够对知识库热线摘要、业务专题等信息进行采编和发布，而且语法正确 √能准确审核、及时转派知识库，确认没有纠错信息 √具有图文编辑能力 ◆理解能力 √清楚地理解知识库运用人员反映的问题 √对内容有较强的敏感性，有一定的信息挖掘能力和信息整合能力 ◆打字能力 √使用五笔或拼音录入中文，速度70字/分钟以上
	产品知识	◆综合业务知识
	流程知识	◆话术问候 √处理纠错信息的过程中，能够正确使用规范话术 ◆知识库信息采编 √熟练掌握知识库信息采集、审核、发布流程，以及新闻摘要、热点专题制作、审核、发布等步骤，能够开展知识库纠错工作

招聘要求	要求细则	考核要求	考核方式
受教育程度	大专及以上学历	达到要求	查看相关证书
年龄要求	35周岁以下	具备计算机基础及办公软件操作能力，能使用Word、Excel、PPT软件	上机操作
表达能力	能使用普通话交流，发音准确，听得懂方言，并能做相应回答	汉字输入每分钟70字以上	上机操作

岗位职责是呼叫中心服务员岗位从业者从事服务工作前最基础、最完善的指导建议，其中不仅包含最低技能要求，也阐明了工作步骤、业务场景所需要的基本素质、技能和经验要求等。岗位职责中，以语音服务为主的呼叫中心服务员岗位从业者大多要求达到普通话二级乙等或更高水平，特殊地区和特种服务场景还需要对当地方言或者外国语有所掌握，对嗓音过电之后的别样听感也应有所考量。另外，对于语言表达习惯，岗位职责中的要求更加倾向于语气友好、口头语较少、通话礼仪规范及表达性强的人群。

随着行业的发展和整体呼叫中心服务员岗位从业者的进步，行业入职门槛也在近十年有了巨大的提升，主要有两方面的原因：一是整个商业市场和公众环境对客户服务行业的重视程度越来越高，较高的受教育水平和素质、素养能对高水平的服务质量起到一定的保障作用；二是八成以上的行业管理者均是从一线成长起来的，积累了丰富的经验。

▶▶▶ **练习题**

1. 市民来电反映自己是外来务工人员，已办理居住证，在本市缴纳社保，现在孩子不能就读本市的小学，多次联系教育局未果，再不解决问题就和老乡们一起去市政府门口静坐。

(1) 围绕以上案例中的情况，呼叫中心服务员岗位从业者应履行哪些岗位职责？

(2) 为了处理好这通来电，呼叫中心服务员岗位从业者应学习哪些知识和技能来妥善完成工作？

(3) 在以上场景中，呼叫中心服务员岗位从业者可以通过话术向市民表达哪些内容？

2. 请尝试撰写投诉组长的岗位职责。

3. 管理序列的呼叫中心服务员岗位从业者和一线座席代表在岗位职责中有哪些共性内容和差异内容？

2.3 服务基础

呼叫中心服务人员的核心工作是提供呼叫服务，服务输出直接体现了从业者的专业素养。卓越的服务意识与精湛的服务技能是衡量呼叫中心服务人员是否达到专业化、标准化及高绩效运营要求的关键指标。当前，我国呼叫中心行业以语音服务为主，在线服务等为补充，因此语音服务能力成为评估服务人员是否具备上岗资格的重要标准。具体而言，标准化服务用语的应用、专业服务礼仪的展现、客户沟通技巧的掌握、服务营销能力的提升，以及服务过程中的情绪调控与自我管理能力，构成了呼叫中心服务人员必须系统学习和持续实践的核心技能体系。

在广义的服务形态中，客户流失因素分析如下。

● 1%因为死亡。

● 3%因为不再有需求，例如一位母亲的孩子已经过了婴幼儿时期，短期内便不再存在对母婴相关产品和服务的需求。

● 4%因为喜好发生了改变，例如手机用户发现某一个国产品牌的手机更能满足其日常工作和生活的需求，而放弃外国品牌的手机。

● 5%因为在朋友的推荐下选择了其他公司或者品牌的服务，例如某一个互联网社交产品的用户因为其身边的亲朋好友均使用另一款互联网社交产品，因此会产生趋同的动力，加上朋友的推荐，将极大可能使客户的选择发生转变。这也是目前商业服务形态领域最看重的社群营销，也叫作口碑营销；这符合营销心理学中的从众效应。

- 9%因为在别处购买了价格更低的商品和服务。因为市场和调控的灵活性，随着市场经济的发展，同质化的产品和服务越来越多，价格已经成为终端消费者最终决策的重要考量因素。当然也并不是说只要价格足够低就可以完全赢得终端消费者的青睐，在提供相对同质化的产品和服务的同时，客户对服务的满意度与价格低廉度之间存在弹性系数。在一定服务空间内，较高的服务满意度可以带来一定的溢价空间。

- 10%因为终端消费者直接对提供的实体或者虚拟产品不满意。这里需要注意，该类情况大多由于终端消费者对实体或者虚拟产品不满意，以及对相关使用感受、流程或者政策存在不满，与软性服务体验无关。

- 68%因为服务人员对服务对象漠不关心，这是由数据反馈、客户投诉、第三方调研及学术成果得出的显性因素。呼叫中心提供的呼叫服务是十分重要的一个环节，将直接影响购买者的留存。

所以，可以得出一个闭环客户流失因素分析链条：不良客户服务将导致信誉受损和客户减少，随之对经营机构的经济效益带来影响，产生利润负增长，进而导致员工薪酬和福利降低，员工产生不满情绪，最终再次因为服务人员的不良情绪而输出低质量的客户服务，如图2.1所示。

图2.1　闭环客户流失因素分析链条

2.3.1　标准服务用语基础知识

1. 您好、请、谢谢、抱歉、再见

您好　通常用于通话开场问候，以及对话中断之后再次开启或确认，例如在对话过程中出现音质不佳导致无法听清楚服务对象表述的内容，可以用"您好"进行探询。"您好"说明服务人员抱着用心倾听的态度，是真挚的情感问候。也有一些提供个性化服务的呼叫中心会建议呼叫中心服务员岗位从业者以时间定语进行开场问候，示范用句有"早上好、中午好、晚上好、节日好"，从而拉近与服务对象的关系。

请　一般用于向服务对象提出建议或者进行恳请式引导时，示范用句有"请您具体说一下当时的情况""请您准备纸和笔以便记录""请您务必保持电话畅通，注意接听""请您相信我们"，建议在单通语音对话中至少出现3次该标准服务用语。

谢谢　一般用于对表示肯定的积极回应，也可以延伸使用"十分感谢""非常感谢"，示范用句有"谢谢您的理解""非常感谢您的接听""十分感谢您的理解和支持"。

抱歉 通常用于给服务对象增添了困扰和需要其配合做出某些行为时，一般用于需要表达主观歉意和礼貌的场景，也就是服务提供者或者呼叫中心服务员岗位从业者本身没有出现客观错误。也可以延伸使用"确实抱歉""非常抱歉"，示范用句有"非常抱歉给您造成了不便""非常抱歉让您久等了""确实抱歉，我们没能第一时间为您处理"。在目前呼叫中心行业真实的服务工作中，部分地区(例如广东地区)或行业的呼叫中心服务员岗位从业者会在服务对话中使用"对不起""不好意思"这类词语来替代标准服务用语，这是呼叫中心服务员标准化服务中不推崇的，主要因素有两方面，首先，"对不起"一词一般只会在重大投诉或者确实出现错误的情景中使用，"对不起"一词出现就证明是产品或者服务出现明确缺陷，希望得到客户原谅，而非"抱歉"所希望的得到理解的作用；其次，"不好意思"一词较为口语化，不适用正式的标准服务情景，容易给服务对象带来由于产品或者服务提供者的粗心、马虎和大意给服务对象增添了麻烦的心理感受，塑造了一个不专业、不靠谱、不值得信赖的产品或者服务提供者形象。

再见 一般用于单通对话的结尾，切忌以口语化的"拜拜"来替代标准服务用语"再见"。

2. 开场阶段、服务过程、结束语、禁忌表达

(1) 开场阶段包含常规通话、无声电话、打错电话、电话拒绝等。

常规通话："您好，欢迎致电××××，我是××××，很高兴为您服务，请问有什么可以帮您？""您好，这是××××，由于××××希望与您沟通一下，请问您现在方便吗？"

无声电话："您好电话已接通请讲，您好请问听得到吗，您好请问听得到吗，非常抱歉无法听到您的声音，请您稍后再拨，再见。""您好，这里是×××来电，您好请问听得到吗，您好请问听得到吗，非常抱歉无法听到您的声音，我稍后再打给您，再见。"

打错电话："您好，这里是××××客户服务中心，电话号码是××××，请您核对，非常抱歉此次无法帮到您了，希望下次有机会更好地为您服务，再见。"

电话拒绝，也就是外呼拨打服务对象电话，得知服务对象繁忙或者不便接听时："非常抱歉，打扰您了，我过两小时再联系您，再见。""非常抱歉，打扰您了，我明天这个时候再联系您，再见。""非常抱歉，打扰您了，我下午×点再联系您，再见。"

(2) 服务过程包含称谓确认、表达确认、对话不清或者信号不佳确认、转接用语、服务等候、暂缓确认等。

称谓确认："请问您是×××先生/女士/(身份称谓，如王医生)吗？""请问您贵姓？""请问怎么称呼您？"

表达确认："请问您的意思是不是××××？"

对话不清或者信号不佳确认："非常抱歉，刚才由于信号不太好，听到的声音时断

时续，您的意思是不是××××？""非常抱歉，刚才由于信号不好，听到的声音时断时续，我听到的是××××，请问您是这个意思吗/请问是这个情况吗？"

转接用语："请不要挂机，现在就为您转接××××，如果不成功请重新拨打××××。""请稍等，现在为您转接至××××。"

服务等候："请稍等，现在为您查询。""非常抱歉让您久等了。"

暂缓确认："由于××××，所以需要通过××××为您进行核实查询，一般需要××××时间，一经确认将会以××××方式与您取得联系，请您务必保持电话畅通，注意接通，感谢您的理解和配合。"

(3) 结束语包含常规通话结束语、补充结束语等。

常规通话结束语："请问还有什么可以帮您吗/请问还有什么问题吗，祝您生活愉快，再见。""请问还有什么问题吗，再次感谢您的接听，祝您生活愉快，再见。""请问还有什么问题吗，感谢您的来电，祝您生活愉快，再见。"

补充结束语："将为您转接服务满意度评价，满意请按1后挂机。""如果后续有任何问题欢迎再次来电/欢迎您随时与我们取得联系。"

(4) 禁忌表达包含负面用语、负面语气、特殊场景等。

负面用语："我不太明白您的意思。""您再说一下。""我刚刚不是说过了吗？""我已经说过了。""这个我们也没办法。""不是这样的。""您理解错误了。""您这样是不对的。""你去××××/你打××××号码问一下好了/没这回事，我已经告诉你，你应该做的是××××。""难道你不知道吗？""随便你。"以及"喂、不知道、可能、应该、好像、差不多、不可能"等。

负面语气：反问、质问、机械、散漫、侮辱、责备、愤怒、嘲笑和讽刺等语气的表达，以及习惯性语言、俚语等，如啊、呀、喽。

特殊场景：

- 当语音对话中断时，切勿使用"喂，喂"这种询问方式。
- 当该通电话无法为服务对象提供满意的解决方案的时候，服务对象处于盛怒之下，慎用"请问还有什么可以帮您吗/请问还有什么问题吗"，容易导致服务对象不耐烦或者激怒服务对象。
- 外呼语音电话开场的时候，如果服务对象当下忙碌或者不配合而拒绝，切勿产生电话拖拽(也可以称为电话纠缠)，例如"您就给我一分钟，我马上说完"。在个别营销服务场景中，可以通过柔和的委婉表达适度争取，但依然应当遵循不产生电话拖拽的基本服务原则。
- "我感觉""我觉得"是充满主观进攻性的表达，不符合服务中立原则，应该规避。

▶▶▶ **练习题**

1. 围绕表2.12所示案例情景回答问题。

表2.12　案例情景

场景序号	具体场景
①	电话铃响，接起电话
②	"我今天上游戏的时候显示被封号了，怎么办？"
③	"提示是恶意使用外挂会影响游戏的公平性。我根本没有用啊？"
④	"我的账号是025112350。"
⑤	"我的电话是16689908873，我很急。"
⑥	"我要你们现在就告诉我原因，帮我解决可以吗？"
⑦	"谢谢！"

(1) 围绕表2.12所示案例情景，写出呼叫中心服务员岗位从业者应有的服务应答基础用语。

(2) 在这类案例场景中，服务对象需要配合回答姓名、账号、密语问题、使用记录等，应该如何引导服务对象配合相关工作？

(3) 在场景②中，如果服务对象不愿意配合，应该如何安抚并引导其配合完成信息验证的工作？

2. 请尝试撰写外呼语音电话向客户推荐信用卡分期业务时的表述用语。

2.3.2　服务礼仪基础知识

良好且规范的电话礼仪，能体现呼叫中心服务员岗位从业者的可信度及专业度。在智能时代，以人工服务为代表的呼叫中心客户服务从业者是以人为本的代表，更是有温度的市场经济体制的代表。得体、优雅的服务礼仪应始终贯穿在呼叫中心服务员岗位从业者提供服务的过程中，从接通互动到积极响应、受理和服务协助，以及最终问题解决，不放过对细节的斟酌和考量，为输出高质量水平的服务提供助力。

美国服务质量管理学院院长约翰•舍尔曾提到，"客户服务是一种技巧，一种专业，一种天赋，一种艺术"。以礼相待、诚挚待人是一名呼叫中心服务员岗位从业者的基本素养，充沛的精力是胜任这一岗位的基本前提。此外，整洁、得体的个人形象不仅能够彰显内在的力量，还有助于塑造积极向上、专注服务的心态和思维模式。

1. 电话接起

当服务对象发起一次服务请求时，电话在振铃三声(约6秒)内被接起，这是服务礼仪展现的首要环节。接起电话时，应以温和的语气，配以礼貌的微笑(虽无法直接展现，但可通过语气传达)，向服务对象致以问候，并感谢对方的接听或来电。这不仅代表了一种开放和欢迎的态度，也彰显了呼叫中心服务员优秀的职业素养和饱满的精神状态。

若遇到异常通话情况，如果是对方打错电话或信号问题导致通话不畅，呼叫中心服务员应主动寻求解决方案，而非指责对方的错误或纠结于信号问题的责任归属。例如，可以说：“先生/女士，您那边的信号似乎不太好。”在此情境下，无须明确区分是哪一方的信号问题，应重点关注对方的实际需求，复述接收到的信息，并请对方纠正或补充任何可能遗漏或误解的信息。

2. 耐心倾听

“关怀每客，每刻关怀”的服务原则，是呼叫中心服务员岗位从业者应在日常工作中遵循的核心规范。与面对面服务不同，呼叫中心服务员通过语音为服务对象提供帮助，必须依赖声音的状态和表达方式，让对方感受到诚意和积极关注。在一定程度上，耐心倾听成为为服务对象提供的一种“特殊服务”，通过行为反馈和表述内容，向对方展示积极理解和解决问题的态度。这种倾听不仅有助于缓和紧张气氛，更为后续与服务对象友好沟通、协商合作奠定了信任的基础。

在与服务对象互动的过程中，呼叫中心服务员需要重视每一位服务对象的个体特征，关注每一个关键时刻，并及时给予反馈和帮助，这些都是提升服务满意度的有效方法。例如，当年长者来电时，应适当调整语速；面对因生活受影响而情绪化的民众，应给予更多的理解和同理心；在服务对象焦急表述时，不打断其发言；当对方对某流程感到困扰时，应给予正面的回应和诚挚的歉意；若服务对象可能遭遇人身或财产安全危害，则应及时给予提醒和关心。这些都是现代服务业工作者应当具备的服务礼仪和岗位使命。通过这些细微而贴心的举动，能够传递出对每一位服务对象的深切关怀。

3. 表达得体，做好记录

在日常工作中，细致且规范地记录服务对象表达的关键信息，是展现服务礼仪的一个重要方面。呼叫中心服务员必须避免自身业务知识不牢固或经验不足而导致服务对象重复表述的情况。对于已提及的内容，应在合适的时机给予回应或主动询问。服务过程中，应始终运用基础服务用语，并以对方的姓氏尊称或特定称谓来称呼服务对象，这样做有助于拉近彼此的距离，增强人际沟通的亲切感，为服务对象带来更具个性化的交流体验，务必避免让服务对象有“你只是我日常工作中的普通一员，并无特别之处”的感受。

进行外呼语音服务时，考虑到服务对象是被动接受者，可能处于不便接听的状态，如正在开车或忙于会议等，因此选择合适的时间进行通话至关重要。在通话过程中，持续关注对方的接收感受，也是得体服务的重要体现。此外，对于服务对象的遭遇，应保持尊重，不进行无意义的评价，也不议论其背后的原因，这是塑造得体、优雅服务形象所不可或缺的。

▶▶▶ **练习题**

1. 2012年1月28日上午8时，有网友通过新浪微博发文称朋友在三亚吃海鲜被宰，短时间内引起众多网民的共鸣和媒体的极大关注。29日，三亚市政府通过微博回应三亚春节期间游客"零投诉"再次引爆舆论。31日，有关官员表态称对恶意攻击三亚的人依法追究责任，舆情再次升温。2月1日，海南省副省长出面致歉，舆情得以缓和。2月2日，某官员的"只要是明码标价，又有消费者签字，就不能算欺客、宰客"言论再次令三亚市政府陷于被动。此事件使得海南省旅游市场陷入了较为被动的舆论形势。

(1) 外省游客来电询问政府有没有好餐厅推荐，有没有价格合理、不宰游客的良心商户推荐，请写出呼叫中心服务员岗位从业者的服务礼仪应答。

(2) 在这一类服务场景中，应关注哪些方面对来电者的情绪影响？

(3) 从得体应答的角度出发，呼叫中心服务员岗位从业者应进行哪些方面的回应表述？

2. 从服务对象能直接感受的角度，如何理解呼叫中心服务员岗位从业者耐心倾听的具体行为表现？

3. 一位老人来电反馈停电问题，请思考如何从"关怀每客，每刻关怀"的角度进行服务应答？

2.3.3　服务沟通技巧基础知识

沟通是一种以语言为载体，在双方或多方之间进行信息、思想或物质交换的互动过程。在呼叫中心行业，沟通尤为重要，呼叫中心的服务员作为企业与服务对象之间的桥梁，扮演着软化关系、化解冲突、寻求协商和解决问题的关键角色。服务沟通不仅要求语言表达和服务礼仪的规范，更需要在细节中体现对服务质量的更高追求。良好的沟通技巧要求识别沟通的本质，理解对方的动机和诉求，并通过恰当的语言反馈和表达方式，达到有效的沟通效果。

沟通并非本能，而是一种可以通过训练来强化的能力。从沟通的三个核心要素——心态、关心和主动来看，心态是最基础的要素。

1. 沟通三要素

1) 心态

在呼叫中心的服务过程中，服务对象往往是遇到问题并希望寻求帮助的个体。因此，服务人员应以帮扶为本，用心服务每一位客户，避免使用"我是新员工"或"我是实习生"等借口来推脱责任。管理人员也不应在客户投诉时以类似理由寻求谅解，因为每位客户都有权享受规范、标准的服务，不应以牺牲客户体验为代价来"训练"新员工。

服务对象通常认为自己是弱势的一方，尤其是在遇到问题时，容易产生"受委屈"的心态。因此，服务人员应在沟通初期尽量软化关系，减少对立情绪，避免使用"您那边、我们这边"或"你、我"等容易制造对立的表达，应使用"咱们"来拉近距离，例如"咱们现在的政策是……"或"咱们一起来梳理一下这个问题"。

在外呼电话中，服务人员应避免使用"非常抱歉打扰您了"或"耽误您几分钟"等表达，这类语言容易制造不平等感。相反，可以采用更积极的表达方式，如"关于您提到的情况有了最新进展，我赶紧来给您汇报一下，您看是否方便"或"您提到的问题非常好，我们特别关注，希望听听您的意见"。

2) 关心

关心是沟通中的另一个要素。与客户的每一次交流都是建立情感共鸣的机会，对于已有服务记录的客户，服务人员应像对待老朋友一样进行沟通，从关怀的角度出发，避免生硬的表达。例如，在邀约客户参加活动时，避免直接询问"您的行程不变吧"，可以改为"这次活动人数较多，您看是否需要为您预留停车位"或"活动时间较早，我为您准备了早点，请问您喜欢咖啡还是牛奶"。对于首次接触的客户，服务人员应通过关心的语言和行为来建立信任。例如，面对家长因孩子入学问题来电时，除了解释政策，还可以表达："我理解，孩子的教育问题对每个家长来说都非常重要，咱们可以一起想办法解决。"

3) 主动

主动是沟通中的第三个要素。从服务体验的内在动力来看，客户的真实需求和情感往往像冰山一样，海面上显露的只是冰山一角，即客户显性表达的部分；而隐藏在海底的庞然大物，才是客户内心真正的诉求和情感。这些深层次的需求和情绪就像一个神秘的盒子，需要呼叫中心的服务人员通过巧妙地沟通，找到通往客户内心的路径。客户出于无意识地自我保护，或不愿意过多表达等原因，海平面上的部分发挥着防御作用。此时，服务人员需要通过主动表达、共情和理解，逐步减少客户的防御心理，赢得他们的信任，才能真正找到问题的核心所在。

服务人员应引导客户说出他们的顾虑和情绪，表现出对客户的理解。例如，当客户抱怨需要亲自去银行办理业务时，除了解释流程，还可以说："我理解这么热的天气还要出门确实让人烦躁，不过您附近就有一个营业网点，到了还可以领取夏日礼物，还请您多谅解。"

主动反馈客户关心的信息也是一种有效的沟通技巧。例如，如果需要客户等待处理结果，可以提前告知："由于您提供的信息非常充分，我们会在挂机后立即为您处理，请您保持电话畅通。"这种结构化的表达有助于引导客户的预期，减少客户的不满情绪。

2. LSCPA沟通技巧

除了心态、关心和主动三要素，LSCPA(listen、share、clear、present、ask for action，倾听、分享、澄清、陈述、要求)也是一种步骤性的沟通技巧，能够有效提升服务质量。

(1) 倾听。倾听是沟通的基础。首先，呼叫中心服务员需要通过"嗯、好、清楚、明白"等适时地回应，表明自己正紧随对方的表达内容进行思考。其次，对于服务对象高声强调或不断重复的内容，应给予明确且正面的回复。这里的正面回复并非简单的致歉或敷衍之词，而是针对服务对象提及的内容，给出具体的事实说明或诚挚的道歉性表述，以此体现"我们真的听进去了，并且非常在意对方的感受"。再次，在服务过程中，应尊重对方的表达，不打断其发言，满足其倾诉和表达的需求。适当的表达宣泄有助于对方平息情绪，为后续友好交流创造有利条件。最后，在交流结束时，应对服务对象主动提及的前3~5个问题进行总结，并强调此次服务过程中解决和受理的核心问题，让服务对象感受到自己的问题都得到了重视和解决。

(2) 分享。分享感受是建立情感共鸣的关键。分享感受是一个在聆听之外与服务对象深入交流的过程，它强化了同理心在互动中的应用。呼叫中心服务员应对服务对象表达过程中的关键词语和短句进行复述，并进行适当的延伸表达，同时表述一些共情的理解性句子。这样做不仅体现了服务员认真倾听了对方的表达，更深刻理解了对方的情感和意图，而且进一步软化了双方的关系，有助于建立"自己人"的亲切印象。

(3) 澄清。这里的澄清并非急于向服务对象提供解释，而是通过巧妙的提问技巧深入了解服务对象的根本诉求和内在动机。面对不同的来电者，需要识别并尊重其个体差异，据此采用不同的提问策略。例如，根据表达内容的详尽程度、态度的积极或消极等因素，灵活选择开放式问题、封闭式问题、选择式问题或探询式问题。倾听和分享是向服务对象展示"我在倾听，我已理解"，澄清即通过精准地提问来明确服务对象的实际需求。在此基础上，整理思绪，为接下来的问题解决做好准备。

(4) 陈述。陈述是呼叫中心服务员岗位从业者最常用的沟通技巧之一，然而，在追求良好表述的同时，也需要警惕"言多必失"的风险。因此，应着重把握以下四点：第一，单次表述应避免冗长，以免产生说教感。表达应力求言简意赅，并富有条理性。长时间的连续表达可能会削弱服务对象的耐心，同时，冗长的表述也为服务对象提供了更多时间去寻找表述中的漏洞或构思反驳意见。因此，建议采用分段表达的方式，并在每次停顿后，以问句的形式探求服务对象的反馈，增强交流的互动性。第二，慎用"但是"一词，因为它往往被视为坏消息的预兆，如"我理解您的心情，但是……"等。为避免这种负面印象，建议改为使用更中性的表述，如"同时，我们也考虑到了……因素，所以建议您……这样做，以达到……的目的"。第三，从结果和利益的角度出发与服务对象进行交流，更容易引起对方的兴趣并提高对方对内容的接纳度。例如，"为了帮助您实现……的目标，我们建议您……这样做，从而达成……的效果"。第四，在适当的情况下，可以运用从众效应来增强说服力，但需要避免让对方感觉这是常见或普遍的情况，以免削弱其说服力。

（5）要求。呼叫中心服务员岗位从业者经常需要与服务对象进行艰难的沟通与协商，在此过程中，必须警惕的是，在好不容易获得对方接纳后，切勿仓促结束对话。若后续发现通话流程未完成、产品或服务内容未完整核对、未主动提醒的重要事项等，都将严重削弱服务过程的专业性和完整性，进而降低服务满意度。

LSCPA是呼叫中心服务员岗位实际工作场景中极为常见且非常实用的一种步骤性沟通技巧。它有助于软化与服务对象的关系、明确诉求，从而实现说服、引导，并促进服务对象的行为或情绪配合，最终达到解决问题和提升满意度的目的。

语音沟通的艺术在于摒弃过于经营性的表达方式，让服务回归互惠、关怀的本质。这里的"您"不仅仅是一种礼貌性的称呼，更是一种富有策略性和艺术性的交流引导。在服务过程中，应始终保持高度的服务敏感性和"以人为本"的理念，带着分析和思考去交流，致力于提供"无进攻感"的导向服务体验。这就是专业沟通服务的真谛。

▶▶▶ 练习题

1. 互联网上从来不乏标价1元的商品。2011年9月，淘宝网上大量商品标价1元，引发网民争先恐后地哄抢，但是之后许多订单被淘宝网取消。随后，淘宝网发布公告称，此次事件由第三方软件"团购宝"交易异常所致。部分网民和商户询问"团购宝"客服，得到自动回复称："服务器可能被攻击，已联系技术部门紧急处理。"此次"错价门"是由大批商户的大批商品价格在短时间内被恶意篡改所致，达到这个目的需要借助一定的技术手段。这起"错价门"事件暴露出来的电子商务安全问题不容小觑。

（1）根据以上案例背景，市民来电告知已经购买了1元的100寸大彩电，要求商家落实发货，呼叫中心服务员岗位从业者应该如何回应。

（2）请分别从沟通的三要素心态、关心、主动的角度进行回应。

（3）请以LSCPA步骤性沟通技巧中，倾听、分享、澄清、陈述、要求的顺序表达进行沟通演练。

2. 补充以下对话，需要注意信息准确、表达同理心和立场，避免错误承诺和信息误导。

市民：我充的会员卡用不了啦，理发店跑路了，我的钱怎么办，你们政府要帮我追回来！

应答：_____

市民：我怎么能不着急，4月8日充值的，一个星期，人就没了，我卡里面有六千多块钱，我证据都有，但是人找不到了，你们工商怎么也不管管这种黑心商家。

应答：_____

市民：什么时候有结果，我不能一直干等着！

应答：_____

市民：万一钱追不回来怎么办？

应答：_____

市民：好吧，你们尽快回复我。

应答：_____

市民：是的，这些信息是对的，谢谢。

应答：_____

3. 请根据案例背景，从沟通的三要素心态、关心、主动的角度进行应答回应。

2020年9月，广西柳州三江侗族自治县下起特大暴雨，受强降雨影响，河水暴涨，大水漫上街道，不少民房和小车被泡。根据最新通报，截至13时50分造成4人死亡，1人失联，2人受伤。市民来电告知自己所在的三江县八江镇塘水村有电线杆倒下，担心漏电，后果不堪设想，让政府尽快解决。

2.3.4　电话营销基础知识

在现代服务业应用实践领域，以业务为导向的工作形式及工作内容在服务完成的基础上，随着从业者能力提升，为了满足所处行业的业务扩展需求，逐步衍生出了以电话营销为主要工作形态的呼叫中心服务员岗位。电话营销以主动式外呼语音通话为主要工作形式，通过与潜在客户进行关系维系，开展产品或者服务的推介和引导。

"电话营销"这一服务形态的出现也预示着呼叫中心这一类工作团体开始从成本中心转变为利润中心和价值中心。常见的业务类型有保险产品赠予和推介、银行信用卡分期业务办理、通信运营商增值产品和服务订购、电子商务直邮产品推介等。需要特别注意的是，电话营销以主动式外呼语音通话为常规工作形式，所选择的外呼对象多为运营机构既有基盘客户或者已经主动表示对产品或者服务感兴趣希望进一步沟通的潜在用户。对于陌生拜访类型的客户，一般需要严格遵循《中华人民共和国个人信息保护法》中关于个人信息授权和可操作范围的法规进行外呼营销活动。

总体而言，我国呼叫中心服务员岗位从业者进行电话营销的实践历程已经超过二十年，经济规模达数百亿元。从初期以服务为基础顺势推介的"服务转营销"发展到结合大数据标签进行精准信息筛选和结构化策略引导的"直复营销"，预示着呼叫中心服务员岗位从业者的自身能力和行业已经陆续进入多维度发展3.0阶段，其评估角度已经从不可量化的"感性评价""想象中的重要""情绪上的依靠"过渡到了可量化的利润呈现。

随着大数据分析应用和人工智能技术在各行业的广泛应用，电话营销显示出可分析、可预判、可计划的特点，已经升级为精准营销。在常见的精准营销真实业务场景中，一般会通过数据基盘清洗、基础标签定义、私有化标签识别、预测交流场景、营销变现五个环节实现利润转化。

1. 数据基盘清洗

对既有存量用户和存量信息进行分类，这一环节最重要的是重新激活曾经有业务互动的客户群体，并且找到可能发展为主动唤醒或外呼营销的客户。该环节一般会根据行业、产品或者服务的特性和应用周期来计算时间节点，一般每隔2~3个周期就需要进行一次数据基盘清洗。

例如，汽车行业的产品或服务的售前和售后市场均需要在每个周期完成至少以下盘点：

- 信息有效性(通信完整度)。
- 从存入数据起，超过三年未发生任何互动行为。
- 最近一年内未发生任何互动行为。
- 终末投诉行为发生后一年内未发生任何互动行为。
- 一年内发生过一次有价值的互动行为。
- 一年内发生过两次以上有价值的互动行为。
- 一年内发生过一次无增值的互动行为。
- 一年内发生过两次以上无增值的互动行为。

2. 基础标签定义

对仍存在潜在增值可能的客户群体进行基本分类，这一环节中主要基于本行业和日常经验进行标签分类，一般用于客户管理以及为后期有针对性的营销行为做预备工作。

例如，汽车行业产品或服务的售前和售后市场中会用到的标签有：

- 产品化分类，主要用于区分购买力。
- 服务化分类，主要用于区分潜在购买内容。
- 购买时间，主要用于区分潜在客户的购买行为发生周期。
- 购买意向，主要用于明确潜在竞争对手或者品牌。
- 成交因素，主要用于明确吸引潜在客户关注本品的因素，以及影响潜在客户暂未达成交易行为的因素。

3. 私有化标签识别

私有化标签又称个性化标签，该环节主要根据潜在客户的客观和感性分类进行标签识别，是影响精准营销的重要环节。后期预测交流场景时需要完成大量结合私有化标签内容进行行为预判和买点营销策划的工作。

例如，汽车行业产品或服务的售前和售后市场中会用到的标签有：

● 感兴趣的活动，例如具体的休闲活动。

● 特殊爱好，一般匹配合适的业务人员进行跟进。

● 同质化产品或者服务的体验经历，一般作为推进关系的交流谈资。

4. 预测交流场景

该环节基于基础标签和私有化标签的分类，针对即将实施的精准营销活动所规划的产品和服务，筛选出契合该类产品和服务的数据对象，随后预测交流场景，撰写结构化的话术脚本进行推演，最终定稿。

5. 营销变现

该环节标志着精准营销活动实际操作的正式开始，呼叫中心服务员岗位从业者将借助场景话术工具，并结合自身精湛的沟通技巧，针对筛选出的潜在客户实施外呼营销。

▶▶▶ 练习题

1. 一家金融公司开业十年，已经完成了600万基盘客户的积累，准备与某汽车交易平台跨界合作，针对基盘客户以电话营销的方式进行汽车分期贷款购买的服务推介。请根据数据基盘清洗、基础标签定义、私有化标签识别、预测交流场景、营销变现五个环节制订精准营销计划。

2. 随着《中华人民共和国个人信息保护法》的颁布与市场监管的逐步完善，请写出至少5种可能引起违规操作的电话营销行为。

3. 请尝试写出关于信用卡分期还款业务电话营销场景的话术脚本，至少完成6个场景的互动对话脚本。

2.3.5 其他外呼基础知识

在主动式语音外呼工作形态中，除了常见的外呼营销业务，还包含回访业务、电话邀约，以及客户唤醒与引导，这些共同构成了以目标为导向的电话外呼业务体系。外呼业务标志着呼叫中心行业从单一服务模式向复合型运营模式的转变，这一转变不仅是市场经济发展需求的体现，也是生产能力显著提升的重要标志。

1. 回访业务

回访工作一般分为工作完成确认和满意度确认两个类别，主要目的均是保障服务工作的闭环，确认服务质量和用户满意度。实际业务场景中，回访业务也包含针对独立业务闭环的定向需求调研和意见征询，典型场景有细分行业第三方独立调研、非特定信息收集(一些地区进行民意调查或海外地区的选票摸底多采取该方式)。

【示例】工作完成确认回访步骤(见表2.13)

表2.13　工作完成确认回访步骤示例

步骤序号	流程节点	输入物	责任人	节点说明	输出物
01	提取工单	回访需求	回访专员	回访专员根据工单审核结果，提取需要回访的工单，表扬、查询、咨询业务等直接归档的工单不需要回访，转02步骤	回访工单
02	是否为最终答复工单	回访工单	回访专员	回访专员根据提取的工单信息，判断是否为最终答复工单(最终答复，是指客户如果对工单处理不满意，则在满足一定条件的情况下，营销服务运管中心给予最终审定意见，从而进行工单办结的工作程序。重要投诉由公司营销部给予最终答复)，若是，转03步骤；若否，转10步骤	是 / 否
03	回访	是	回访专员	回访专员针对最终答复工单进行回访，转04步骤	回访拨打
04	是否接通	回访拨打	回访专员	回访专员判断电话是否接通，若是，转05步骤；若否，转6步骤	是 / 否
05	告知客户处理结果	是	回访专员	电话接通后，由回访专员告知客户最终处理结果，转14步骤	处理结果
06	是否已拨打三次未接通	否	回访专员	若电话未接通，需要进行再次拨打，两次拨打时间间隔不小于两小时，若三次未接通(如果确因客户原因回访不成功的，应在"回访内容"中写明失败原因)，转07步骤；若接通，转03步骤	是 / 否
07	回访组回访	否	回访专员	回访专员按照回访要求对工单进行回访，转08步骤	回访拨打
08	是否接通	回访拨打	回访专员	回访专员判断电话是否接通，若是，转10步骤；若否，转09步骤	是 / 否
09	是否已拨打三次未接通	否	回访专员	若电话未接通，回访专员需要进行再次拨打，两次拨打时间间隔不小于两小时，若三次未接通(如果确因客户原因回访不成功的，应在"回访内容"中写明失败原因)，转14步骤；若接通，转07步骤	是 / 否

步骤序号	流程节点	输入物	责任人	节点说明	输出物
10	是否对处理结果满意	是	回访专员	若客户对处理结果满意，转14步骤；若客户对处理结果不满意，转11步骤	是/否
11	是否回退	否	回访专员	根据客户诉求，回访专员判断工单是否可以回退(业扩报装工单不能回退，若客户需要反馈，由回访专员创建新工单，若客户不需要反馈，工单可直接归档)，若是，转12步骤；若否，转13步骤	是/否
12	回退	是	回访专员	根据客户诉求，回访专员将工单回退至工单提交部门(市局快响中心、公司市场营销部、公司生产管理部)，由工单提交部门进一步处理，并将反馈结果传递至运管中心，再次转01步骤	工单
13	是否有投诉	否	回访专员	若客户对处理结果不满意，有投诉意向的转投诉处理流程；无投诉意向的，转14步骤	是/否
14	资料归档	是	客户代表组长	客户代表组长对工单进行小结并归档，转结束	工单

【示例】客户满意度回访

您好，我是中国××客户回访专员，请问您是××先生/女士吗？占用您两分钟时间做个回访可以吗？(若没有人名或姓：您好！我是中国××客户回访专员，想对您近日来电进行回访，占用您两分钟时间，请问您现在方便吗？)如同意，则回答："非常感谢您的配合。"如用户询问回访原因，则回答："针对您××月份致电××吉林客服中心的满意度进行回访，您看可以吗？"

如果A拒绝，则回答：××先生/女士，您的宝贵意见对我们日后服务质量提升很重要，麻烦您配合下可以吗？(如仍拒绝，则回答：很抱歉，打扰您了，祝您生活愉快，再见！)

如果B投诉或咨询，则回答：非常抱歉，××女士/先生，相关服务请您拨打服务热线400606××××！

如果C客户不放心提供数据，则回答：对您提供的所有情况，我们只做汇总统计用，绝不会向任何第三方提供，请您放心！

回访问卷

一、甄别问卷(所属产品或服务分类)

Q1 请问您是否在××月致电××吉林客服中心？(单选)

A. 是(继续)　　　　　　　　　　　B. 否(终止访问)

二、满意度调研过程

Q2　请问客服代表是否及时接听您的电话？（单选）

　　A. 是（继续）　　　　　　　　　　B. 否（继续）

Q3　针对您提出的问题，客服代表是否做出了有效的回答？（您提出的问题是否得到有效的解决）（单选）

　　A. 是（继续）　　　　　　　　　　B. 否（继续）

　　C. 没有有效解决，但提供了其他解决方案　　D. 其他情况（请说明）

Q4　请您对客服人员的综合能力进行打分，5分以下表示不满意，5分以上表示满意，10分满分，您会打几分？（单选）

　　A 非常满意 (9分和10分)（继续 Q5）　　　B. 比较满意 (7分和8分)（继续 Q5）

　　C. 满意 (5分和6分)（继续 Q5）　　　　D. 不满意 (3分和4分)（跳转至 Q6）

　　E. 非常不满意 (1分和2分)（跳转至 Q6）

Q5　客服代表的服务有哪些地方让您觉得满意呢？（多选）（跳转至 Q7）

　　A. 服务态度　　　　　　　　　　B. 应答速度

　　C. 能够做出完整、正确的业务及产品解答　　D. 其他（请说明）

Q6　您认为我们的服务有哪些需要提升的地方（或不满意的原因有哪些）？（多选）

　　A. 服务态度（继续）　　　　　　　B. 应答速度（继续）

　　C. 业务知识、服务咨询（继续）　　　D. 业务知识、备品咨询（继续）

　　E. 业务知识、产品咨询（继续）　　　F. 业务知识、销售咨询（继续）

　　G. 其他情况（请说明）（继续）

Q7　您对我们的服务还有哪些意见或建议？

　　A. 座席　　　　　　B. 产品　　　　　　C. 厂家

　　D. 经销店 / 服务店　　E. 其他（请说明）

三、结束语

××先生 / 女士，非常感谢您的配合，如您在日后使用车辆的过程中有任何需要帮助的地方，欢迎您随时拨打××吉林客服中心服务电话 400606××××，祝您生活愉快，再见！

2. 电话邀约

该类外呼业务一般用于呼叫中心服务员配合线下开展实体业务的情形，例如通过语音电话主动联系潜在客户完成预推介和引导工作，邀约潜在客户前往线下实体经营体进行商业采买活动。此外，电话邀约也会用于客户俱乐部活动邀请，主要目的在于维系长久的商业关系，从而达到提高客户黏性，助力后期的增值推进、二次营销和多次营销。

一般电话邀约会经过**问候、介绍活动/缘由、强调好处、获取承诺、确认联系方式、温馨提醒和告知后续安排、结束语**7个对话流程，在常见的场景对话中，因为该类邀约成功的关键点在于其核心吸引力，通常会在**强调好处**环节运用FAB卖点技巧。

- 特征(features)，指产品、服务或市场促销活动本身所具有的特点。
- 优势(advantages)，指产品、服务或市场活动所独有的，与众不同的特征。在介绍活动时，强调其优势可以大大提升潜在顾客/客户的兴趣。
- 利益(benefits)，指特征或优势给潜在顾客/客户带来的好处。如果只讲特征不讲利益，潜在顾客/客户会觉得这些特征跟自己关系不大，只有在强调利益后，潜在顾客/客户才会觉得这些就是自己想要的，是让潜在顾客/客户产生欲望的关键步骤。

3. 客户唤醒与引导

客户唤醒也称流失干预，常用于客户生命周期管理的中后期环节。在营销型业务中，客户唤醒也会出现在售前环节，常见场景如下。

- 过时提醒，一般在某项产品或者服务使用结束前完成，目的在于重构用户行为。
- 存续确认，一般在客户生命周期中，某客户长时间失去联系和未互动是即将失销或者休眠的表现，那么需要呼叫中心服务员岗位从业者以一定的理由对其采取客户关怀行为，从而实现印象度唤醒和客户存留确认。

客户唤醒前一般需要识别流失标签，该环节一般是基础标签走向私有化标签的基础，一般客户流失分成**价格流失、服务流失、产品流失、促销流失、技术流失、政治流失**六大类，具体细分如下。

- 价格流失：决策标签、价格标签、增值标签。
- 服务流失：客户个人标签、跟进行为标签、社会层级标签、意向标签。
- 产品流失：产品标签、习惯标签、连续标签。
- 促销流失：再得标签、感受标签。
- 技术流失：协调标签、转介标签。
- 政治流失：关联标签(该情况一般存在不可挽回性场景，或客户个人主观不可抗因素)。

客户引导在工作中表现为通过主动语音外呼的形式发挥正向规划的辅助性作用。例如，北京市12320卫生热线在常规业务之外，开拓了通过引导干预的形式进行电话控烟的实践性项目，这体现了电话语音外呼业务在更加多元的维度探索有深远意义的工作场景和应用。

总体来说，随着智能语音业务的发展，越来越多的机构会在人工外呼的前端加入自动化机器人外呼，通过初级筛选后方由人工介入。这显著提升了外呼业务的效率，也能让呼叫中心服务员岗位从业者以更专注的状态开展有计划的沟通工作。不管是人工外呼还是智能外呼，都应当以人为本，以用户体验为先，合法合规地进行业务发展和实践应用。

▶▶▶ **练习题**

1. 王老太太通过上海市12345市民服务热线反馈小区门口违规施工，导致出入不便，有安全隐患问题，工单显示市政直属施工单位已回复，请写出完整的回访问卷和互动场景。

2. 请写出至少5种常见的电话邀约场景，以及应如何配合线下实体经营体完成商业促进，需要提供哪些信息帮助和客户预备动作。

3. 周女士在某汽车经销商处购买了一辆豪华轿车，请分别撰写三个月后、半年后、一年后、三年后将可以发起哪些类型的客户外呼联络，请写出至少3个对话互动话术脚本。

2.4 安全生产知识

呼叫中心服务员岗位从业者必须严格遵守各自的安全职责，其核心任务在于保护资产免受未经授权的访问、泄露、篡改、破坏或干扰，积极执行既定的安全流程与活动，并及时报告任何安全事件或其他潜在风险。为确保这一标准的达成，所有呼叫中心服务员均需要定期接受全面的安全培训。培训内容涵盖所在单位的安全政策、战略、操作流程、信息处理设施的正确操作方式，以及安全意识培养等多个方面。此外，针对不同岗位人员的安全角色与职责，需要量身定制专项安全学习计划。这一举措旨在确保每位员工都能深刻理解并满足人员安全、物理安全及信息安全的相关要求，切实履行各自的安全职责。

对于违反安全规定的行为，必须采取严肃且公正的处理措施。纪律处分应基于违规行为的性质、严重程度及其对业务运营的影响程度进行合理区分与评估，确保处理过程的公平性与合理性。

2.4.1 安全生产的重要性与影响

呼叫中心服务员岗位从业者所处的工作空间和业务环境具有独特性，这一职业形态通常表现为高度劳动密集型，且业务环境充斥着高频次、高密度、高隐私性的信息与情绪交流。鉴于多数呼叫中心实行7天24小时全天候服务制度，安全生产的重要性越发凸显。

为提升安全生产水平，呼叫中心服务员需要从人员安全、物理安全及信息安全三大维度强化安全意识，规范安全行为，确保业务的连续性，有效应对紧急情况，保障呼叫中心业务的持续、稳定运行。

在人员管理层面，呼叫中心服务员所属的业务板块和组织团队应得到清晰界定，确保员工在授权范围内开展工作。未经授权的人员不得接触工作场所及生产资料，且需要配备明确的工作身份标识，如工作证件。员工因工作需要暂时离岗时，如参加会议、培训等，应提前报备并做好工作交接，以防客户遗漏。

面对呼叫中心服务员突发疾病的情况，目击者应立即向话务现场管理人员报告发病人员、时间及地点。现场管理人员通过与发病员工沟通，判断病情严重程度。若病情危急，应立即通知行政人员安排车辆送往医院救治，并在救护人员到达前采取适当的救治措施。同时，话务团队班组长需要维持现场秩序，向其他员工通报情况并安抚情绪，确保热线服务工作不受影响。此外，还需要检查发病员工是否有待完成的工作，并及时安排处理。

▶▶▶ 练习题

1. 请思考以下情况将带来的安全风险和后果，如果发生了相关的安全生产事故，应当采取哪些应对措施开展补救和恢复工作？

(1) 某地方医保热线中心，有员工在闲暇时间通过系统看到了某社会名人及政府领导的个人信息，如地址、个人就医信息等。

(2) 某银行客户服务中心的门禁损坏后未及时维修，其他部门的工作人员、外卖和快递小哥等无关人员均可以随意进出话务接线区，导致该区域环境噪声大，人员走动频繁。

(3) 某保险公司电话营销中心因为系统功能尚未完善，日常工作所需的拨打清单和客户名单均需要以电子表格的形式通过邮箱或移动通信软件发送或传递。

2. 请写出安全管理策略包含的内容。

2.4.2　服务系统安全操作规程、办公设备安全使用常识

服务系统是呼叫中心服务员日常工作的核心平台，也是确保安全生产的关键环节。它不仅是工作落地和成果呈现的载体，更是信息安全防护的重要阵地。硬件的安全使用、信息系统和软件应用的安全操作都是信息安全管理策略应当关注的内容。

1. 系统安全

在新的信息系统或增强已有信息系统的业务需求陈述中，应识别与明确对安全控制的

相关需求。规划新系统时，应对新系统的用户量、未来的能力需求等进行分析，评估所需的系统性能，避免新系统出现过载等潜在风险。

设计和实施应用系统或业务系统的过程中，要求采取控制措施，检查系统运行的有效性和完整性，从而将系统运行失败的风险降到最低。业务系统的开发、测试和运行设施应有效分离并分别进行控制，控制措施包括禁止复制敏感数据到测试系统环境中、禁止无关人员访问运行系统等，以减少对运行设施及包含信息的未授权访问，降低潜在风险。新业务系统或升级版本正式上线前，应进行合适的测试，并根据实际业务需求场景制定验收标准和要求，上线应用前需要完全满足全部验收准则。

在日常工作中，应严格限制呼叫中心服务员岗位从业者对程序源代码和相关事项(包括设计、规范、证明设计和确认设计)的访问，采取对外部网络进行甄别和限制的措施，防止带入某些非授权功能，避免对源代码的无意识或者恶意修改。

2. 办公环境和设备安全

物理场所可划分为机房、办公区域，根据机房内资产的安全需求，使用围墙、门禁、监视设备、报警系统、访问控制手段等物理保护措施对机房边界提供物理保护，防止未授权访问和恶意破坏。呼叫中心运营机构需要针对来自外部和环境的威胁提供安全防护，防止由火灾、洪水、地震、爆炸、社会动荡和其他形式的自然或人为灾难而引起的破坏。物理保护措施包括在离话务办公区和机房安全距离以外的地方存放危险或易燃材料，恢复设备和备份媒体的存放地点与主场地保持安全距离，在话务办公区和机房合适的地点提供灭火设备等。

合理安置和保护设备包括：将所需要的设备安置于话务办公区或者对应的机房内，并尽量减少不必要的机房访问；将处理敏感数据的信息处理设施放在限制观测的位置，禁止在信息处理设施附近进食、喝饮品和抽烟，监测温度、湿度等环境条件等，避免对设备的非授权访问及减少由环境威胁造成的风险。

此外，还需要提供足够的支持性设施，包括使用不间断电源(UPS)，使用稳定的供水设施以支持空调、加湿设备和灭火系统，定期进行检查、测试以确保功能有效等，从而减少电源、空调等设施故障或失效而导致的设备发生电源故障和其他中断的风险。

所有资产均应指定责任人，并对责任人赋予相应的职责，确保所有资产均可核查。根据资产的重要性、业务价值、依赖程度等，对所有资产进行分类、分级，编制资产清单。资产清单应妥善保管，且当资产发生变更时应及时更新资产清单，确保对资产进行有效的保护。

安全信息的移动介质载体的监管也尤为重要，应对磁带、磁盘、闪盘、可移动硬件驱动器、CD、DVD、打印机等进行有效的管理，防止非授权的使用和破坏。对可移动存储介质的管理包括所有介质应存储在符合制造商说明的安全、保密环境中，使用介质时应进行授权、登记并追踪审计等。应对不再需要的介质进行安全处置，降低介质敏感信息泄露的风险。此外，按照设备管理规程的要求，对设备生命周期的各个环节(包括设备获取、设备接收、设备入账、设备维护、设备转移和设备报废等)进行分阶段管理，并对各环节的所有操作进行记录。为了保证业务的连续性，制定详细的备份策略，使用足够的备份设施，定期对业务数据进行备份，确保业务数据在灾难或媒体故障后能及时恢复。

使用审计系统对信息处理设施的使用进行审计和监视，记录审计和监视结果，并定期评审，保证管理员能够及时了解信息处理设施的状态，并确保用户只执行被明确授权的操作。

【示例】风险应急规划表(见表2.14)

表2.14　风险应急规划表示例

风险类型	风险名目	说明	可能性判别	影响程度	结果评定	风险应急方案	是否有定期演习(附演习日志)	负责人
自然灾害	火灾	电器设备造成的火灾	1	3	3	火灾事故应急预案	是(每年2次)	
		电气线路引起的火灾	1	3	3			
		终端设备引起的火灾	1	3	3			
		违规使用生活器具(如使用电热器具取暖、吸烟、随意使用明火等)	1	3	3			
		周边环境引起的火灾	1	3	3			
	灾害性天气	暴风雨、风灾等	3	1	3	防汛防台应急预案	是(每年1次)	
	传染性疾病	流感、肝炎、H1N1、SARS等	1	3	3	传染病应急预案	是(3年全覆盖)	
意外事件	人身伤害	触电、高处坠落、有毒有害气体中毒、烧伤/烫伤、高温中暑	1	3	3	人身伤亡事故应急预案	是(3年全覆盖)	
	恐怖袭击	恐怖袭击	1	2	2	反恐袭击应急预案	是(3年全覆盖)	
	话务量突变	大幅减少或增加	3	2	6	话务应急方案	是	

续表

风险类型	风险名目	说明	可能性判别	影响程度	结果评定	风险应急方案	是否有定期演习（附演习日志）	负责人
设备故障	通信系统	软电话等	1	1	1	平台维护保障应急方案	是(每年下半年演练一次)	
	网络系统	交换机	1	1	1	平台维护保障应急方案	是(每年下半年演练一次)	
	公司网站	可能引发高话务量或用户投诉	1	1	1	平台维护保障应急方案	是(每年下半年演练一次)	
	公司数据库		1	1	1	平台维护保障应急方案	是(每年下半年演练一次)	
	客户信息数据库		1	1	1	平台维护保障应急方案	是(每年下半年演练一次)	
	内部软件应用系统	知识库、工单系统、报表系统等	1	1	1	平台维护保障应急方案	是(每年下半年演练一次)	
	黑客攻击	可能来自内部或者外部	1	1	1	平台维护保障应急方案	是(每年下半年演练一次)	
	电梯(特种设备)	故障、困人等突发事故	3	1	3	特种设备安全事故应急预案	是(3年全覆盖)	
故意行为	故意人身伤害	如斗殴	1	3	3	人身伤亡事故应急预案	是(3年全覆盖)	

▶▶▶ 练习题

1. 请列举系统故障无法查询来电信息而导致的突发情况的安全应急措施。

2. 请问是否所有呼叫中心服务员岗位从业者均需要使用移动端口，移动端口一般用于哪些工作场景？

3. 请撰写一份关于移动介质使用情况的安全管理策略。

2.4.3　信息及安全保密知识

信息安全是指在话务运营中心范围内，采取有效措施使网络数据与网络信息不受偶然或恶意的威胁，保障网络数据与网络信息的完整性、保密性、可用性及合法合规性；发生信息安全事件时，能够最大限度地降低信息安全事件造成的影响。

信息安全事件分为信息安全应急事件和信息安全日常事件。其中信息安全日常事件是指常规化、周期性的信息安全事件，事件来源部门定期或不定期地下发事件处置要求，以及自查发现的信息安全事件，紧急程度不高，主要包括网站管理、用户信息处理、有害信息处理等。

商业秘密是指不为公众所了解的，能为企业带来经济利益、具有实用性，并经企业采取保密措施的经营信息、技术信息和其他重要企业管理信息。经营信息包括新产品的市场占有情况及新市场开辟策略，产品的社会购买力情况，产品的区域性分布情况，产品长期、中期、短期的发展方向和趋势，经营战略和流通渠道、机构等。技术信息是指技术水平、技术潜力、新技术前景预测，替代的预测和新技术影响的预测等。其他重要企业管理信息是指经营信息、技术信息以外的其他重要企业管理信息。

为进一步规范信息安全管理工作，明确信息安全管理责任，更好地承接并落实呼叫中心运营机构安全管理的各项工作，应当制定话务运营中心信息安全实施细则。制定时，应该参考《中华人民共和国保守国家秘密法》《中华人民共和国劳动合同法》《中华人民共和国反不正当竞争法》《中华人民共和国个人信息保护法》等相关法规。

1. 信息安全

根据信息的价值、法律要求、敏感性和关键性对信息进行分类、分级保护，针对每种类别和级别制定相应的处理措施；处理信息时应指明保护需求、优先级和期望程度，确保信息得到适当级别的保护。

对技术文档的借阅和销毁等应当进行登记，确保技术文档得到合理的保管。在网络边界、安全域之间的防火墙或系统设置中进行逻辑隔离和访问控制，使用网络安全审计系统对网络访问行为进行记录、监视和回放，保证对网络进行充分的管理和控制，防止风险的发生，维护业务系统和信息的安全。记录用户活动、异常和信息安全事件的日志信息，并保留一定的时间，以支持将来的调查和审计。日志应包含用户名称，日期、时间和关键事件的细节，终端身份或位置等信息。同时，应对记录日志的设施和日志信息加以保护，防止被篡改和未授权访问。系统管理员和系统操作员的操作日志需要规范记录，并定期评审。系统管理员和系统操作员的日志应包括事件发生的时间、涉及的账号和管理员或操作员、事件或故障的内容等信息。

稳固的网络基础设施也是保障信息安全的重要部分，所有网络连接设备必须按照技术信息处批准的规范进行配置，所有连接到网络的硬件必须服从技术信息处的管理和监控标准，在没有技术信息处批准的情况下，不能对活动的网络管理设备的配置进行更改。网络基础设施应支持一系列合理定义的、被认可的网络协议，使用任何未经认可的协议必须经过技术信息处的批准。

呼叫中心服务员岗位从业者的操作同样涉及许多信息安全风险性环节，其账号使用行为应当遵循正式的用户注册及注销的程序，对所有信息系统及服务的访问权力进行授予和注销。所有账号都必须进行唯一性标识，每一个使用管理性/特殊访问账号的个人都必须避免滥用权力，且必须在技术信息处的指导下使用，共有的管理性/特殊访问账号的口令在人员离职或发生变更时必须更改。在访问操作系统的过程中，需要将不活动的会话设定在一个不活动周期后关闭，以防止未授权人员访问和拒绝服务攻击。

2. 保密管理

商业秘密分为核心商密和普通商密两级，书面形式的商业秘密应在文件首页左上角标明"核心商密""普通商密"字样，以及权属、保密期限。中心自行设定商业秘密的保密期限，可以预见的时限以年、月、日计，不可以预见的时限应当定为"长期"或者"公布前"。密级和保密期限一经确定，应当在秘密载体上做出明显标志。标志由密级、权属(单位规范简称或者标识等)、保密期限三部分组成，如"普通商密★1年"。因国家秘密范围调整，中心商业秘密需要变更为国家秘密的，必须依法定程序向国家保密管理部门申报，将其确定为国家秘密(该类情况通常在政务服务、公用事业以及高新技术类企业的呼叫中心运营机构中出现)。商业秘密的密级、保密期限变更后，应当在原标明位置的附近做出新标志，原标志以明显的方式废除。保密期限内解密的，应当以能够明显识别的方式标明"解密"的字样，非书面形式的商业秘密标识应置于明显的位置。

"核心商密"意为中心重要商业秘密，泄露后会使中心利益遭受特别严重的损害，其范围包括：中心发展规划、策略(包括信息发展规划和网络发展规划)，固定资产投资方向、规模结构和分布，新技术、新设备的采用策略；中心业务发展策略、生产经营情况分析、大用户及重点用户的有关资料；电信生产的重要经营信息(包括用户账务、销售渠道、成本测算资料、市场调研分析、用户协议、业务档案和组网方案)；财务计划和年度预算(决算)、资金及来源情况；引进技术、设备的项目计划，设备的选型意见、投资估算、签约前的价格方案和谈判策略；专题会议记录、纪要以及上述会议未议定的事项或议定后尚未公开的事项；中心信息安全工作组认定的其他属于"核心商密"的事项。

"普通商密"意为中心重要商业秘密，泄露后会使中心利益遭受严重的损害，其范围包括：电信工程及技改项目的可行性研究报告、设计(包括总体方案和通路组织)及概预算，电信工程及技改项目招标中的有关评标、选标方案、谈判策略及重大项目合同书；电信网络组织、网络资源、枢纽分布和干线具体路由，电信交换、传输、数据、无线等设备的功能、容量和具体位置，电信网络运行质量报告；未公开的专有技术、技术体制、技术标准、维护规程、网络结构、工程设计、技术试验结果，电信引进项目中吸收创新部分的关键技术，具有知识产权的软件；中心人才发展规划，组织机构编制，员工素质构成，员工薪酬和人员信息统计报表、人事档案；生产经营统计资料及各专业统计报表；审计工作的重要实施方案及处理意见；中心内部办公自动化及业务管理系统中使用的计算机系统的程序指令、数据库及加密方式；CRM系统用户资料、CRM财务系统、用户电信侧组网信息；网络运行、运维支撑、工程管理、通信资源等资料；人力资源管理、绩效考核资料等；各类内部档案；中心信息安全工作组认定的其他属于"普通商密"的事项。

在保密管理措施方面，凡属呼叫中心运营机构商业秘密内容的文字、音像、视频，以及其他存储在磁盘、光盘等存储介质上的信息，在传递、使用、归档、销毁等环节，要建立相应的保密制度，配备必要的保密设备。中心办公网、生产网必须与互联网实行有效的隔离，国家秘密、企业商业秘密、敏感信息或尚未成文但内容涉密的各类文件资料，含形成过程中的草稿和会议研究材料等禁止通过互联网传递、发送。载有中心商业秘密或敏感信息(含文字、图片、音像、视频等)的文件严禁通过互联网或移动互联网进行传递、发送。任何个人或组织未经正式授权不得擅自在易信、微信、微博等自媒体平台或QQ等社交互动平台上发布、传播企业商业秘密或敏感信息。载有中心商业秘密的资料一般不得复制和摘抄。确实需要复制和摘抄的应得到商业秘密制订部门的同意，同时复制和摘抄的资料都应当按原密级管理。

所属运营机构的全体呼叫中心服务员应当履行法律、法规规定的商业秘密的保护义务，遵守中心商业秘密保密制度，履行保密协议或约定的保密条款，自觉保守中心商业秘密。涉及中心商业秘密岗位的人员上岗前，中心应与涉密人员签订保密协议或约定，保密协议内容应包括保密的范围和内容、双方的权利和义务、保密期限、违约责任，以及双方约定的其他内容。中心员工应当采取措施保护其在工作中知悉的中心商业秘密，严禁利用工作之便无意识谈论、有意窃取和对外泄露中心商业秘密。呼叫中心服务员岗位从业者采取不正当手段获取、披露、出卖中心商业秘密，造成运营机构经济损失的，呼叫中心运营机构可以按照《中华人民共和国劳动合同法》有关条款规定，解除与其签订的劳动合同，并按照相关法律规定追究泄密人员对中心造成的经济损失及连带责任。对于违反规定泄露中心商业秘密的，视情节轻重及时上报行政机关并给予相应的行政处分；触犯法律构成犯罪的，由司法机关依法追究刑事责任。与此同时，呼叫中心运营机构应定期对保守商业秘密成绩显著的员工给予表彰和奖励。

▶▶▶ 练习题

1. 请撰写一份呼叫中心运营机构针对打印环节和纸质材料的安全管理策略。

2. 如果一家呼叫中心运营机构允许所有员工使用外部网络和应用软件，则将带来怎样的安全生产风险，请设计一份对应配置的安全管理策略。

3. 如果一家呼叫中心运营机构允许其所属单位的任何一位呼叫中心服务员通过简单的操作查询客户日志、信息列表或操作记录，则在为服务提供便利的同时，将可能带来哪些信息安全风险？

第3章　服务应答处理

3.1　基础语音应答

语音应答服务是呼叫中心最基础、应用最广泛的服务形式，其服务质量不仅取决于客服人员的沟通技巧、职业素养、服务意识及策略性话术表达等软性能力(需要通过基础技能培训和长期经验积累形成)，还取决于对用户信息的精准识别与高效处理能力。同时，客服人员需要在服务过程中主动规避投诉风险，或在投诉发生时妥善应对，最终实现呼叫中心运营机构在运营效益和用户口碑两个维度的高绩效表现。

3.1.1　用户互动流程

在呼叫中心运营机构中，流程是保障日常业务稳定、持续运营的基本控制线，包含业务流程和管理流程。在语音应答中，业务流程是日常业务开展的基本保障，每一位呼叫中心服务员岗位从业者都应当非常熟悉业务范围内的流程，并且能够在日常工作中发现流程中的异常并及时反馈，经过论证推演后进行流程修订和改造，从而帮助流程优化和用户体验的持续改善。

一般业务流程会以总服务流程作为牵引，根据用户需求的问题和处理进程分别制定细分流程。常见的细分流程有呼入咨询服务流程、呼入办理流程、呼出回访流程、工单转派流程、投诉受理流程、升级流程等。不同的业务模块会根据实际的业务情况继续细分，例如：

- 银行业有账单查询流程、信用卡分期业务办理流程、卡片挂失流程、公积金卡办理流程、积分查询流程、密码设定流程、持卡人信息修改流程等。
- 保险行业有核保流程、续保流程、理赔流程、增值业务办理流程等。
- 通信行业有话费查询流程、流量包订购流程、漫游业务办理流程、套餐更改流程等。
- 公用事业中的电力客户服务有户号查询流程、新能源申请流程、线路报修流程、青苗赔付流程、电表换装流程等。
- 政务服务热线中有营商环境咨询流程、电子税控盘操作流程、社保查询流程、投诉举报流程等。

流程的建立可以帮助呼叫中心服务员岗位从业者在实际工作场景中快速理解用户诉求,遵循流程操作有助于规范地执行操作避免信息错误或者遗漏,还可以提升呼叫中心服务员岗位从业者的绩效表现。

一个基本的业务流程通常包含流程序号、流程节点、输入物(信息)、责任人、节点说明、输出物六部分。

- 流程序号:清晰表达一个业务场景中各节点的发生顺序。
- 流程节点:业务场景推进的过程中,需要甄别和判断的内容。
- 输入物(信息):与用户互动过程中所涉及的具体事项和渠道、载体。
- 责任人:流程在该环节中的执行人。
- 节点说明:对流程节点进行规范化说明,从而使标准流程更适用于真实业务场景。
- 输出物:流程执行的后续呈现。

【示例】服务总流程(见表3.1)

表3.1　服务总流程示例

流程序号	流程节点	输入物	责任人	节点说明	输出物
01	需求渠道判定	需求	话务员	用户提出服务需求,话务员根据不同渠道处理:如是语音信箱留言,转至语音信息处理流程;如是特殊用户,转至双向通道处理流程;如为电话呼入、多媒体、手语视频、来信用户,转至02	语音信箱/上级单位/电话呼入、多媒体、手语视频、来信
02	诉求类型判定	电话呼入、多媒体、手语视频、来信	话务员	话务员通过询问用户判定诉求类型,判定要求详见相关职能和定义中"无效诉求"的定义。如是无效诉求,转03;如是有效诉求,转至05	无效诉求/有效诉求
03	按规范回复	无效诉求	话务员	话务员回复用户,回复内容详见"基本服务用语",转至04	回复内容
04	工单小结	回复内容	话务员	用户挂机后,话务员立即填写工单,转至14	小结内容
05	语言类型判定	有效诉求	话务员	话务员判定用户来电语言类型,如为英语,转至转接英语座席流程,处理结束后转至14;如为中文,转至06	英语/中文

流程序号	流程节点	输入物	责任人	节点说明	输出物
06	是否为紧急/次紧急事项	中文	话务员	话务员通过询问用户诉求判定是否为紧急/次紧急事项，判定要求详见相关职能和定义中"紧急事项"和"次紧急事项"的定义。如是紧急事项，转至紧急事项处理流程，处理结束后转至14；如是次紧急事项，转至次紧急事项处理流程，处理结束后转至13；如是普通事项，转至07	紧急/次紧急/普通
07	是否为媒体工作来电	中文	话务员	话务员判定是否为媒体工作人员来电，判定要求详见相关职能和定义中"媒体来电"的定义。如是媒体工作人员，转媒体来电处理流程，处理结束后转至13；如非媒体工作人员，转至08	媒体工作人员/非媒体工作人员
08	受理范围判定	非媒体工作人员	话务员	话务员通过询问用户诉求，判定是否在热线受理范围内，判定条件详见"热线不予受理范围"。如不在热线受理范围内，转至不予受理事项处理流程，处理后转至14；如在热线受理范围内，转至09；如是相关类，判定要求详见相关职能和定义中"相关类"的定义，转至相关类热线座席流程，处理后转结束	非受理范围/受理范围/相关类
09	是否为多媒体事项	受理范围	话务员	话务员通过询问用户诉求判定是否为多媒体渠道功能性的使用事宜，判定要求详见相关职能和定义中"多媒体事项"的定义。如是多媒体事项，转至转接多媒体座席流程，处理结束后转至14；如非多媒体事项，转至10	多媒体事项/非多媒体事项
10	是否为疑难事项	非多媒体事项	话务员	话务员根据系统提示判定是否为疑难事项，判定要求详见相关职能和定义中"疑难事项"的定义。如是疑难事项，转至转接疑难座席流程，处理后转至14；如非疑难事项，转至11	疑难事项/非疑难事项
11	是否为重复事项	非疑难事项	话务员	话务员通过询问用户诉求判定是否为重复事项，判定要求详见相关职能和定义中"重复事项"的定义。如是重复事项，转至重复事项处理流程，处理结束后转至13；如非重复事项，转至12	重复事项/非重复事项
12	诉求类别判定	非重复事项	话务员	话务员判定用户诉求类别：如是咨询类事项，判定要求详见相关职能和定义中"咨询类事项"的定义，转至咨询类事项处理流程，处理结束后转至13；如是非咨询类事项，包括求助、投诉举报、意见建议、其他类，判定要求详见相关职能和定义中"非咨询类事项"的定义，转至非咨询类事项处理流程，处理结束后转13	咨询类事项/非咨询类事项
13	转自动IVR满意度评测	处理结果	话务员	话务员完成用户诉求后，转至自动IVR满意度评测，要求详见相关职能和定义中"不纳入IVR满意度评测事项"的定义，转至14	测评内容

流程 序号	流程节点	输入物	责任人	节点说明	输出物
14	用户是否 同步录音	测评内容	话务员	用户是否告知同步录音需求，如是，转至15；如 否，转至16	是/否
15	报备组长	是	话务员	话务员将用户同步录音诉求报备组长，具体按照 "用户要求录音报备规则"操作	处理结果
16	回访方式 判定	处理结果	话务员	完成工单受理后，系统判定回访方式，判定要求 详见相关职能和定义中"回访方式判定"的定 义，如通过人工回访，转回访复核流程，处理结 束后转结束；如通过短信回访，转至17	人工/短信
17	短信回访	短信	话务员	系统通过短信向用户发出回访请求后结束	回访内容

【示例】呼入查询流程

在总流程之外，为了进一步加强呼叫中心服务员的应用能力，制定图3.1所示呼入查询细分流程，并配合表3.2进行学习。

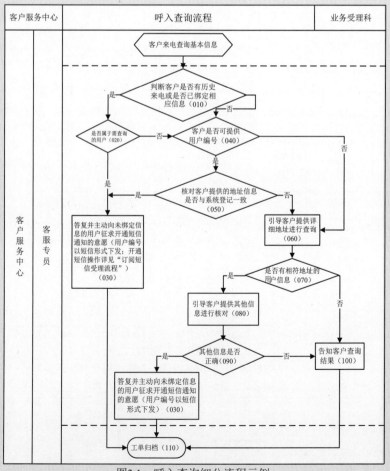

图3.1　呼入查询细分流程示例

表3.2　呼入查询流程辅助表

节点编号	节点名称	涉及岗位	工作指引	时间要求	备注	引用参考话术
依次填入图3.1中的编号	自定义		操作说明	即时或时限	规范提醒	话术应用

▶▶▶ **练习题**

1. 请找出图3.2所示流程图中的错误之处。

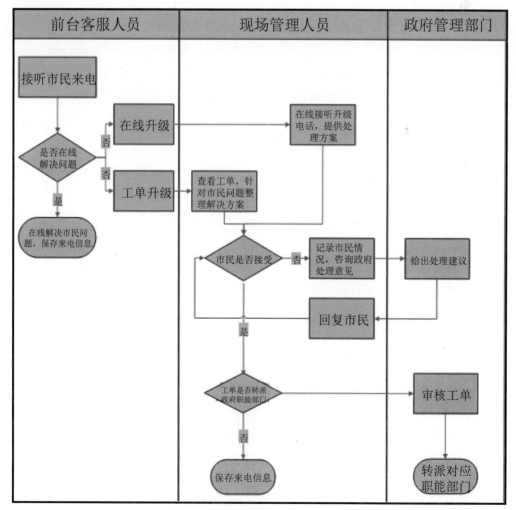

图3.2　流程图示例一

2. 请修订图3.3所示流程图。

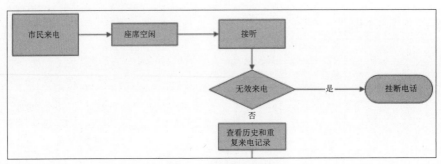

图3.3 流程图示例二

3. 在用户互动流程中，投诉流程与一般业务咨询和受理流程的区别是什么？

3.1.2 用户基本信息

用户基本信息作为呼叫中心服务员日常工作中最重要的工作素材之一，既为呼叫中心服务员判断和了解用户问题提供了佐证，也为用户体验的提升提供了助力。在呼叫中心服务员日常工作场景中，一般都需要遵循对用户基本信息进行查询、了解、判断的步骤，然后根据实际情况与用户进行沟通、互动，最终将阶段性问题进行总结、归档，为下一次更好地提升用户服务体验提供佐证积累。有时候用户基本信息也会与用户需求工单存在重合和共用的情况。

用户基本信息常见的是以用户个人为单位进行存录，包含姓名、性别、地区、证件编号、账户编号、联系方式、来源渠道、购买或者使用服务的历史、用户交流日志、用户喜好等个性化提示，部分特殊用户(如高价值用户、高影响用户、疑难用户、存疑用户等)会有特殊标识。

呼叫中心服务员使用用户基本信息时，一般可以通过系统搜索简单个人信息，如姓名、账户编号、手机号码、身份编号或者行业唯一编码等，查询用户的唯一档案或者关联信息。部分语音接续系统与客户信息系统已经进行了智能化关联的呼叫中心运营机构，可以通过主动弹窗完成来电用户信息查询。呼叫中心服务员完成用户互动并解决问题之后需要对用户信息进行完善、更新并归档，部分关键的敏感信息或者特殊情况需要进一步向上报备，确认之后方可进行修订。

▶▶▶ **练习题**

根据以下素材情况完成表3.3所示客户反馈单的填写。

1. 客户来电：小姐，我是你们的VIP客户，我一直在你们银行买理财产品，但是你们银行的服务太差了。今天我去你们建国西路那家网点存钱，保安蛮好的，看我的卡说我是6星VIP，可以直接去VIP室排队，人少一点，给我取了号。你也知道的，我年纪大了，耳朵、眼睛都不太好，没注意就过号了，非叫我重新拿号，那我不是白排队了嘛。你们那个工号4562的大堂经理态度很差的，说你们公司规定的过号就要重新排，我就过了一个号，真的一点都不人性化的，我还要赶回去烧饭，没时间的。最后钱也没存，我不管，你们派人来拿，我腿脚也不好，不方便的。卡号是653842136231××××，张爱珍，地址在建国东路45弄78号2层。

　　2. 客户来电：我的借记卡卡号是623636523214××××，姓名是曹已。今天上午去了你们控江路上的中国银行存款，你们银行工号6985的服务人员称我的签名过于潦草，要求我用正楷字重新签名。这都没问题，问题是这位员工的态度非常恶劣，当我提出异议的时候，还振振有词地说，你们公司明文规定要求客户签字时写正楷字。我也说了，我不是第一次办理业务，从来没有人和我说过此规定。我现在要反映两件事情，第一，你们银行到底有没有此规定；第二，要求该服务员给我道歉，我的联系电话是18934521×××，我姓曹。

　　3. 客户来电：我要反映一件事情，你们那个自动存取款机器一点也不方便，每次只能放一点点，旧钱还存不了。今天我去漕溪路中国银行，想存5万块钱，你们工号9147523的服务员说现在比较忙，柜面办理要等很长时间，叫我去自动存取款机上存钱。5万块钱我在这个机器上搞了大概一个小时，拿进拿出一点也不方便，耽误了我那么多时间，像这种机器最好一次性把钱全部放进去，每次只能放5000块钱太慢了。你帮我反映下，把这个机器升级一下，我的联系电话是1593625××××，联系人张女士。

表3.3　客户反馈单

客户反馈单	
客户信息	
产品信息	
具体内容	

3.1.3　投诉内容分类

　　投诉处理的用户体验和用户满意度在呼叫中心服务员的考核中非常重要。投诉可以分为实物投诉和非实物投诉。实物投诉指产品或体验本身的质量，一般该情况直接影响实物的使用性能，存在具体指向性，如缺斤少两、破损、超过时限等；非实物投诉一般聚焦在感知体验上，如用户在与工作人员交涉过程中认为工作人员存在不耐烦、推诿拒绝或者怠慢的情况，以及用户在产品或者服务使用过程中主观认为理解存疑、不合理、不认同的地方。

　　面对投诉时，人们常陷入对立思维的误区，这不仅让用户感到焦虑，也让呼叫中心的服务人员倍感压力。双方往往将投诉视为"麻烦"，用户被视为"制造麻烦"的人，而服务人员则成了"解决麻烦"的角色。在用户表达投诉的过程中，如果服务人员处理不当，很容易激化矛盾，导致更严重的后果，这类情况屡见不鲜。然而，若能转变心态，设身处地地理解用户的感受，避免针锋相对和无效的道歉，就能有效缓和双方关系。放弃过于经营性的沟通和引导，回归关怀的本质，那么投诉问题将不再难以解决。处理投诉的第一步是对投诉内容进行细致分类，然后根据分类预判并匹配适合的用户交流场景，制定可实施的话术进行应对。有计划的投诉分类加上坦诚、积极的态度，才是解决投诉问题的关键所在。

【示例】投诉内容分类(见表3.4)

表3.4   投诉内容分类示例

问题分类			问题描述
非产品质量问题	配送安装物流问题	物流未更新	物流信息未更新
		物流未派件	物流未送货
		物流未上门取件	退换货，物流未上门取件
		无人上门安装	商品已送达，无人上门安装
		物流无法完成取件	物流缺少相关单据无法完成取件
	门店服务问题	处理/回复不及时	拖延，未及时回复/处理客户问题
		未按约定时间发货	未在规定时效内发货/未在客户指定时间发货
		未发货	货还未发出/送出，顾客催促发货
		退换货	有退换货需求，或在退换货过程中出现问题
		错发/漏发	商品错发、漏发
		上门过程中损坏他物	售后上门服务过程中，造成顾客物品损坏
		发票问题	发票相关问题
		样品充当新品销售	未告知客户，样品充当新品售卖
		服务人员口径不一	不同人员/渠道口径不一
		虚假宣传/欺骗消费者	宣传页面与实际商品不符/在销售过程中存在欺骗、欺诈消费者行为
	人员服务问题	服务人员处理/回复不及时	拖延，未及时回复/处理客户问题
		推诿/拒绝处理	推卸责任、拒绝处理
		承诺未达成	承诺的事情没有做到
		售后无人联系	无人联系客户处理问题
		售前、售中服务态度差	售前、售中过程中，服务态度差
		售后服务态度差	售后过程中，服务态度差
		物流人员态度差	物流公司的服务人员态度差
	赠品问题	赠品未送	承诺的赠品未送达
		赠品不符/非喜产品	赠品与实际承诺不符/非喜产品
		赠品质量差	赠品出现质量问题

续表

问题分类			问题描述
非产品质量问题	价格问题	退款/退差价	有退款/退差价需求，或退款过程中的各类问题
		产品差价	同款产品价格不一
		优惠券	优惠券抵用
		红包	红包抵用
		88VIP	88VIP折扣
	售后服务问题	售后未上门	售后未按约定时间提供上门服务
		对售后服务不满意	对售后上门除味、清洗、维修等服务不满意
		对售后个人行为不满意	售后身体有异味、损坏他物、弄脏地板等
	市场活动	市场活动	集团组织的各类活动
	真伪问题	鉴别真伪	要求鉴别真伪
		怀疑是假货	对来源渠道存疑，怀疑是假货
	其他	其他	以上分类以外的归属

▶▶▶ **练习题**

1. 根据以下素材情况填写表3.5所示客户投诉单，完成投诉归档。

(1) **客户来电**：我的账号是7273，是你们企鹅游戏1区的玩家，昨天因为家里停电导致我上不了网，因此落选了冲级的排名，这样对我不公平，我要求给我补偿。

(2) **客户来电**：我的账号是7273，是你们企鹅游戏1区的玩家，你们官方网站上这次充值活动的说明是充值满1万就可以赠送稀有宠物一个，我在5月8日充值满1万游戏币了，在网站上获取时还是提示我不满足条件。现在我了解到这个充值活动的要求是人民币，而我理解为游戏币。这个你们根本就没有说清楚，就是在玩文字游戏，我要投诉，联系电话是1893456××××，叫李秦，我要你们退回我充值的1000元人民币。

(3) **客户来电**：我的账号是7273，是你们企鹅游戏1区的玩家，今天你们又新开了一个大区，我们老的游戏区玩家数量已经那么少了，还要分流到新区去，你们这样做是不对的，我要投诉！

表3.5　客户投诉单

客户投诉单	
客户信息	
产品信息	
具体投诉内容	

2. 请写出银行信用卡客户服务中心的投诉内容分类。

3. 请写出通信运营商客户服务中心的投诉内容分类。

3.2　话术与业务分类

　　话术的根本是语言表达的艺术，在呼叫中心这样一个以语言为第一载体的服务场景中，能够将话语表达得清晰、明确并真挚是"术业有专攻"的表现。话术需要运用于真实的业务场景中，所以制定话术的时候需要考量其本身实际的可表达性和可接受性。可表达性是从呼叫中心服务员这样一个使用者的角色出发，确保其主观意愿是乐于使用，并且用得自如不生硬。可接受性则是从作用客体的角度，也就是从实际服务工作中的用户感受出发，确保其能听明白对应的语言表达，从内心接受、认同这一表达，并从行动上遵循呼叫中心服务员的语言建议和引导。

　　总体来说，能将可表达性和可接受性都做到上乘水准的话术，是优良的话务生产工具。

　　在话术定义和撰稿工作中，对业务的分类归纳是工作开展的首要条件，也是最常用的话务框架设计形式。以业务为导向的场景话术可以帮助呼叫中心服务员更快地理解实际应用时机和话术逻辑。以具体用户互动应答的业务场景为导向的话术形式，必然是以解决问题为根本，在话术定义和撰稿的过程中需要对业务知识、政策法规、系统操作和实际流程达到完全掌握并且熟练应用，这样方可在推演论证后输出更契合用户体验的话术脚本。

　　话术在各个呼叫中心运营机构的日常工作中有着不可忽视的重要作用，其形式、内容、逻辑架构都在过去二十多年的行业实践中得到了全新发展并有了显著进步。除了常规业务对照下的话术脚本，针对理解误区、不可抗因素以及相关的感性体验导致的用户交流困境，已经发展出了层级化的话术脚本，与场景对应、与用户个人信息对应、与用户不同阶段的情绪对应、与事件解决进展对应等，这些都是实践的结果，是根据用户接收以往话术表达做出的反应所做的经验总结。例如某问题首次发生，与已反馈的问题持续未解决或短期内同类问题再次和多次发生的时候，用户有完全不同的心理，所设计的场景话术脚本是存在明显差异的，这也需要呼叫中心服务员在应用话术的时候能够"用心"而非仅"用嘴"，清晰地理解话术表达的时机和逻辑，在话术运用的过程中，停连、重复、轻重都将影响话术呈现的最终效果和用户反馈。

　　本节主要介绍不同行业、不同业务场景以及不同用户交流时期常见的话术分类框架和具体的话术示例，这些示例既可以用于呼叫中心服务员岗位从业者日常真实的工作场景中，也可以作为话术基准，结合地方语言、表达逻辑、个体表达差异等进行修订和优化，从而输出具有本地化实践特色的话术工具。

3.2.1　基础话术的分类与应用

　　基础话术分类的框架设计工作通常会从横向和纵向维度开展，初期横向规划一般会参考业务流程的架构，例如常规语音通话接入咨询的类别，同时配以感情引导和用户安抚类别的疑难专项分类；纵向规划一般会根据业务分类后细分场景的难易程度继续延伸，尤其是针对需要多次解释、安抚的情况或者疑难状况，需要配置从第一次到第五次不等的表达空间并匹配话术。针对需要多次解释、安抚的情况或者疑难状况的话术，一般到了第三层级后会跳出一定的标准流程设计，加以个性化引导，这将有助于提升话术设计的个性化和话术应用的可表达性、可接受性。

基础话术分类的框架设计，横向需要全面，纵向则需要更清晰的表达逻辑，这有助于呼叫中心服务员岗位从业者尽量精准地找到对应的话术场景使用契机，以及在表达过程中通过理解纵向的话术设计逻辑，明白同一个问题在不同阶段的推进和表述时需要什么样的情感语气，明确每个阶段的话术要素，进而通过自我发挥更娴熟地运用话术。

【示例】话术应用，包含话术拆解说明和逻辑点(见图3.4)

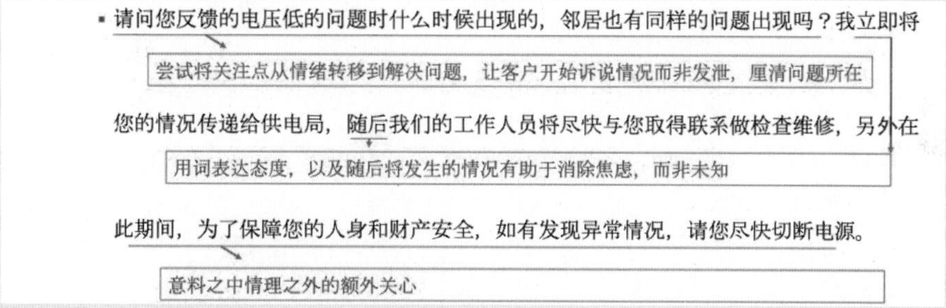

(a) 电压异常话术(一)

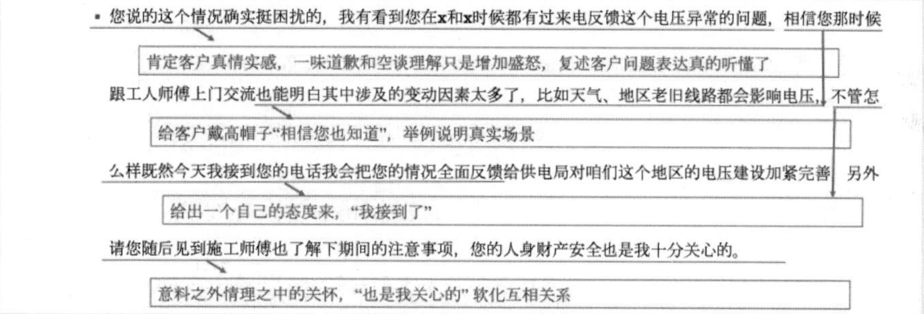

(b) 电压异常话术(二)

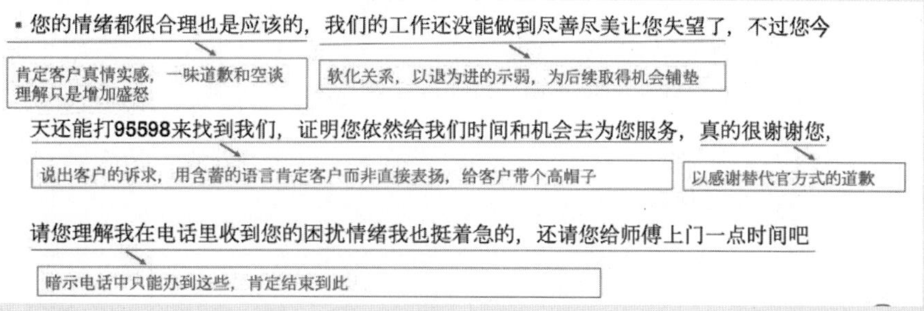

(c) 电压异常话术(三)

图3.4 话术应用示例

【示例】电力行业客户服务中心话术框架(见图3.5)

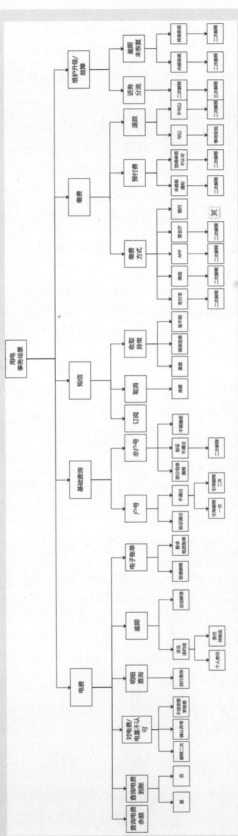

图3.5　电力行业客户服务中心话术框架示例(节选)

1. 话术逻辑信息素

话术应用是可选择的，也是层级化的。可以理解为每一个应用场景都因为不同的表达对象、情绪递进、呼叫中心服务员岗位从业者个体的主观意愿和能力的差异，有不同的话术脚本可供选择。话术的应用一定不是照本宣科地逐字念稿，更不是例行公事地"复读"，而是有逻辑、有话术表演技巧的综合性语言艺术呈现。

话术应用的逻辑信息素通常有15种，每个场景应对的话术脚本都是由多种有差异或者重复出现的逻辑信息素构成的，也可以理解为是话术内容逻辑结构。每一种逻辑信息素都包含多种表达词组或者多条话术，话术制定者和使用者可以根据不同业务、不同事件阶段、不同用户人群或者不同呼叫中心服务员岗位从业者的特点进行组合。任何话术脚本的核心目的都是指向该话术的逻辑信息素。

15种逻辑信息素的目的说明如下。

(1) 软化关系：降低用户对呼叫中心服务员个体的敌对情绪，增进信赖。

(2) 确认事件本身：引导用户多描述具体的情况，可以是感受，也可以是事件本身的细节、过程；通过持续表达让用户从"情绪大脑"回归"陈述大脑"，侧面起到平息情绪的作用。

(3) 询问需求主动服务：呈现用户意料之外，情理之中的技巧并主动服务，赢取用户信赖和惊喜感。

(4) 促进决定：推进用户认可和配合呼叫中心服务员完成后续动作。

(5) 表达立场：明确呼叫中心运营机构对待事件本身的立场和态度，通常用于明确界限性问题。

(6) 积极关注：向用户呈现耐心、积极的"服务表演"，促进用户产生"这个呼叫中心服务员很靠谱"的感受。

(7) 表达感谢：区别于一般感谢，让用户感受到真心。

(8) 理解共情：弱化对立情绪，让用户从心理上接受正在提供交谈服务的呼叫中心服务员本人。

(9) 安抚拒绝：平复用户情绪，明确不理想结果。

(10) 安抚受理：平复用户情绪，先解决问题本身，提升效率。

(11) 安抚推介：平复用户情绪，促进用户接受和配合后续动作。

(12) 示弱寻求理解：面对特殊群体的用户，通过特殊示弱表达寻求友好解决，尤其适用于已有定论的事件重复来电等无法延伸解决的情况。

(13) 后续(提供)建议：呈现用户意料之外，情理之中的主动服务，展示正在受理业务的呼叫中心服务员岗位从业者的专业性和可信赖性，为后续可能出现的风险进行提前干预。

（14）信息说明：以简单、直接的方式让用户理解或接受内容。

（15）促进合作：多用于用户不认可的场景中，如订购促进、流程不配合、沟通困境等。

【示例】15种逻辑信息素对应话术

1. 软化关系：您刚刚提到的几个情况，我也是挺有感受，我跟您一样也是×××，我理解××对××产生的影响是比较大的。

2. 确认事件本身：相信您也知道×××服务热线主要是提供××相关问题的咨询／办理，您反馈的找人问题不在我们的服务范围内，建议您通过其他途径处理。

3. 询问需求主动服务：您刚刚提及的×××问题我了解了，您看既然今天我接到您的电话和您交流，您也很实在地把情况讲给我听了，那么这3个问题我逐一为您提供帮助，第一，用电咨询问题……第二，派单协调问题、后续处理……第三，此前的情况和服务让您觉得仍有待提升，您讲的都很在理，我留存一下您和我的交流信息多给员工们讲解。您能给我们这样坦诚地提出来，真的很谢谢您给我们机会去多提升，这样才能让咱们老百姓觉得更贴心。

4. 促进决定：我知道意外损失是最难以接受的，您有情绪都是合理的，您打电话给××反馈也是希望获得咱们的态度，您的××情况我已经为您完整记录，这是我在线上能为您立刻办理的。您的困扰我已感受到了，请您平息一下心情，我会和您一样上心去协调处理的，请您放心，随后会有专人向您了解详情和商议损失。

5. 表达立场：我明白你打电话过来肯定是出于对自己权益的考虑，但是相信您也知道，您提及的××权益也受到法律法规的保护，所以××确实无法为您提供私人问题协助了。咱们老百姓遇到事情求个妥帖、放心也是很正常的，同时请您相信咱们××作为国家监管的××，这方面肯定是考虑过的。

6. 积极关注：这样的情况肯定是很糟心的，您快跟我说说××的问题是什么时候出现的，我这就跟您一起着手处理。

7. 表达感谢：您今天还能打×××来找到我们，证明您依然给我们时间和机会去为您服务，真的很谢谢您。

8. 理解共情：我明白××问题与生活息息相关，您有这样的疑虑和焦虑也是正常的。

9. 安抚拒绝：××事情发生，您着急查询／办理的心情我很理解，涉及客户信息安全的问题，相信我们×××所有员工的操作都是和我一样的，我也相信您是可以理解的。如果我们把信息透露给非本人，不仅是违反保密协议的，而且是违法的，真心希望您能理解一下。

10. 安抚受理：请您放心，解决问题是我们基本的工作要求，我们其实比任何人都着急。待会我会将咱们××的诉求传达给××的，争取尽快解决，我会为您传达妥当的，请您相信。

11. 安抚推介：×× 已在我们的跟踪当中，请您稍做等待，我们工作人员会尽快处理的 (传递时间信息)。

12. 示弱寻求理解：其实我也明白，遇到这种情况您也很着急，所以才会出于信任拨打我们的电话，咱们 ×× 所有同事的权限主要是解决 ×× 相关问题，这点也希望您能明白，我没能为您达到诉求，其实也挺无奈的。

13. 后续 (提供) 建议：我非常理解您现在的心情，也同情您的遭遇，我们会记录并反馈给 ××，建议您同时寻求法律援助，向政府有执法权的 ×× 部门反映，由政府进行干预；我能理解您所说的，××××(重复最终答复意见的处理措施)，确实非常遗憾，目前的答复结果没能让您完全满意，相信您也知道 ××× 在您所反馈的问题上只能做一个传达，您的问题 ××× 客服中心确实无法继续处理了。我听懂了您的情况和困扰，相信您也知道问题解决流程和政策也是综合了各方面因素，××× 电话渠道已经无法再延伸解决了，请您包涵。

14. 信息说明：××× 业务说明导向。

15. 促进合作：为了落实您刚刚举报的这个情况，让您的反馈转化为咱们税收工作的效益，请您帮忙提供 × 项信息，分别是 ××××(先提及几项)，这样挂线后咱们立刻可以反馈进行稽查工作了。

【示例】话术逻辑信息素匹配(见表3.6)

表3.6　话术逻辑信息素匹配

投诉内容	匹配的逻辑信息素
索要领导电话，需要升级投诉	询问需求主动服务
	表达立场
	安抚受理
	促进决定
	软化关系
坚持购买已过期 / 下架产品	积极关注、表达感谢
	信息说明
	安抚推介
	理解共情
	表达立场、后续(提供)建议
催收后投诉	确认事件本身
	软化关系、理解共情
	表达立场
	安抚拒绝
	后续(提供)建议
已有定论的案件重复来电	确认事件本身
	表达立场、理解共情

续表

投诉内容	匹配的逻辑信息素
已有定论的案件重复来电	安抚拒绝
	示弱寻求理解
	后续(提供)建议
保单拒认，要求全额退保	确认事件本身
	安抚拒绝
	表达立场、理解共情
	后续(提供)建议
不配合信息核对流程	理解共情
	表达立场
	促进合作
	后续(提供)建议

总体而言，话术逻辑信息素已经成为现代服务业中生产素材和生产工具的重要组成部分。

话术应用的7个基本步骤为定义话术应用的场景框架、根据单一场景匹配话术逻辑信息素、选定和制定话术逻辑信息素所可选的话术脚本、组合演练、本地化修订、持续优化和智能化应用。

▶▶▶ **练习题**

1. 请尝试编写社保热线的场景话术应用框架。

2. 请使用15种话术逻辑信息素编写至少3条对照的话术脚本。

3. 夏季是用电高峰时期，市民家中七月份一个月内停电6次，导致家里冰箱食材变质，分别在第一次、第二次、第四次、第六次停电时来电反馈并投诉，请分别写出话术逻辑信息素和一条对照话术脚本。

2. 基础话术脚本撰写原则

在日常的工作中，呼叫中心服务员岗位从业者需要基于岗位素养进行专业化的沟通和引导，除了使用基本的态度表达和礼貌用语，一些常见的话术脚本贯穿整个工作场景，这既是专业从业者需要掌握的基本语言艺术技能，也是助力与服务对象之间良性沟通、互动的工具。

基础话术的建立初期，要在公序良俗和礼仪礼貌等策划原则的基础上结合呼叫中心服务员岗位从业者多年的实践经验来撰稿，并且考虑时代背景、服务对象差异等因素的影响。常规话术脚本是动态的，是具备场景适应性的。基础话术脚本一般是普适化的、标准化的，能保证基本服务质量，针对一些规范应答和流程受理的服务场景，基础话术脚本是非常重要和高频的，但是在特殊场景，尤其是以产品化、场景化、客户个性化为导向的呼叫中心，基础话术脚本的使用则较灵活。

基础话术脚本均会采用弱化对立、减少机械重复、认同赞美、对话定性、固定标准化、不定责、用词误区、去专业化等固定原则。

(1) **弱化对立**。在话术脚本表达的过程中，服务对象会习惯性地将通话中的呼叫中心服务员岗位从业者进行心理泛化，消费者或者来电用户会天然产生一种自己处于弱势地位的想法，比如消费者面对企业、群众面对政务职能部门等。所以，撰写基础话术脚本的时候，需要在表达中弱化对立的感受，从而取得信任，减少情绪化交流。

(2) **减少机械重复**。在常见的沟通场景中，服务对象针对某些自身利益或者理解差异的部分会进行重复表达，也就是同样的问题多次采用不同的方式来抱怨，也可以称为服务对象的"小嘀咕"，一般都带着一些不满情绪。在应对这种场景时，虽然是同一个问题，但是提及的次数和时机不同，呼叫中心服务员岗位从业者应当采用不同的语言进行回复，否则复读机式的机械重复会进一步激发服务对象的负面情绪。

(3) **认同赞美**。呼叫中心服务员岗位从业者面对某些服务对象时，应当针对对方理解和表达的内容进行委婉赞美，而某些性情的服务对象则不适用该类话术脚本。

(4) **对话定性**。在狭小的语音对话空间，人们对文字和数字的心理感知都会被放大，例如一些用词和用句可能会引发服务对象的情绪，所以一些带有刻板印象的腔调性用词要谨慎处理。

(5) **固定标准化**。一般会根据通话质量评估标准确定一些固定的基础话术脚本，比如开头语、结束语、涉及法规政策的免责提醒用语等都需要完整、无差别地表述，这样既能保障服务质量的标准化输出，也可以规避一定的服务误区和风险。

(6) **不定责**。在呼叫中心服务员日常的工作中，大部分与服务对象互动的场景均会涉及服务体验的不满、产品问题、信息错误等问题，在受理投诉和交流的过程中，呼叫中心服务员岗位从业者需要遵循并规避一些主观认知和表达。不定责不仅指不对发生的事情和服务对象表达的内容进行评述，也包括在服务的过程中，如果发生任何信息沟通不顺畅的意外情况，如通话过程中因为通信信号等各种因素无法完全或者确保正确捕捉服务对象的表达时，不应当评述投诉是由哪一方的问题而导致的。

(7) **用词误区**。基础话术主要围绕常见的基本流程场景，并在表达时趋于标准化，避免使用一些会影响服务体验或者制造服务阻碍的词语。

(8) **去专业化**。在呼叫中心这个语音服务应用领域，专业化的沟通、标准化的流程处理都是基本的运营原则，但是在呼叫中心服务员岗位从业者的真实服务场景中，过度使用专业化的表达容易造成服务对象的理解困难，使服务对象产生"高不可攀"的交流体验。

【示例】常见话术

弱化对立

——我明白您，咱们没法提供完整信息肯定是有多方面考量的。

——相信您也知道，咱们客户服务中心肯定会辅助您去核实处理的。

（讲评：以"咱们"替换"你们""我们""您那边""我们这边""我们客服中心"等）

减少机械重复

——非常抱歉让您产生不好的感受了，请问刚刚是哪个部分我没能为您做好解答，我这就更正，希望能让您满意，请给我一次机会。

——我知道您这个事都是着急的情况，您打电话过来，我刚刚没能第一时间让您满意导致您有情绪是正常的，不管怎么样，证明我的技巧和业务还可以进一步完善。

（讲评：以不同的表达形式进行致歉和用户挽回）

认同赞美

——您说的确实在理，再次谢谢您的主动告知，如果大家都有您这样的意识和主动性，咱们这个纳税工作就会更顺畅了。

——您眼光很好，这个产品搭配是咱们这一季里面最热门的。

（讲评：通话中的服务对象在自己满意的领域表达自身意见、看法的时候，需要采用积极反馈的态度进行回应）

对话定性

——关于您之前反馈的话费金额异常的情况，已经有了最新的核实结果，我赶紧来给您汇报一下。

——为了更好地提升工作人员的办公效率，想跟您了解一下业务办理过程中的具体细节。

（讲评：外呼业务开展的时候应当弱化"打扰您了"这类定性词语，同时需要服务对象配合行动的场景中，应当站在对方权益的角度进行交流）

标准化

——早上好，欢迎致电梅赛德斯-奔驰经销店，我是客户发展专员王小鱼，很高兴为您服务，请问有什么可以帮您？

——非常感谢您的来电，祝您生活愉快，稍后将为您转接服务评价，满意请按1，再见。

（讲评：开场语和结束语基本在所有呼叫中心运营机构的基础话术脚本中都是绝对固定标准化的）

不定责

——由于刚才信号时断时续，我听您的意思是这个月的金额实际为三百元，但是系统显示是六百元，请问信息对吗？

　　——发生这个情况，中间一定发生了信息误差，我现在就为您进行一一核对。

　　（讲评：异常情况均基于客观调查，积极、主动地进行回应与反馈）

用词误区

　　——请您不要着急。

　　——请您不要生气。

　　——好不好。

　　——还有什么可以帮您？

　　（讲评：减少否定性建议，在盛怒之下交流时，减少容易引发歧义的表达，如因问题无法解决而导致通话僵持时，呼叫中心服务员岗位从业者还对客户说"还有什么可以帮您"，可能会激发不满反馈）

去专业化

　　避免使用行业专有名词和生涩的条例法规等。

▶▶▶ 练习题

　　1. 请以电商客户服务中心为工作背景，基于常见的基础话术脚本中弱化对立、减少机械重复、认同赞美、对话定性、固定标准化、不定责、用词误区、去专业化8个固定原则进行话术脚本编写。

　　2. 请写出3条不同类别的标准结束用语和标准开场用语的话术脚本。

　　3. 在银行业客户服务中心日常运营中，为了规避风险和服务预警提醒，请写出3条不同类别的标准提醒性基础话术脚本。

3. 场景类话术策划

　　基础话术脚本存在于不同类别和运营形式的呼叫中心中，其雷同性较高，一般围绕体现服务素养和礼仪礼貌等具有较强普适性的领域，而场景类话术具备较高的行业属性和特定指向，因为呼叫中心这类以语音为主要载体的服务形态服务于各行各业，所以通过场景定义和策划衍生出来的话术应对脚本逐渐成为一家注重长期发展的呼叫中心运营机构更为关注的内容。同样，场景类话术也是一个呼叫中心服务员岗位从业者需要学习和长期积累的。

　　在常见的场景类话术脚本里，从所处的行业属性来说，一般都围绕商业服务形态、政务与公共服务形态展开设计，这一类话术脚本均涉及一定的业务信息和行业特性，主要目的在于问题引导和说明。

　　商业服务形态中，几乎所有行业都涉及场景策划，例如通信行业、金融业、IT与互联网行业、消费产品与服务业、医疗卫生行业、制造业、能源行业、交通运输行业、旅游及服务业，以及第三方专业服务提供商等。在该种服务形态中，呼叫中心服务员岗位从业者常被定义为客户服务座席代表，代表企业、单位、品牌对外交互，需要建立"以客户为中心"的职业守则理念，时刻维护生产者在市场活动中的口碑、信誉，甚至经济利益。所以在商业服务形态的场景类话术脚本里，业务信息的准确性和采用通识性语言进行表达就显得尤为重要。

政务与公共服务形态是政府职能部门、公用事业单位与公众之间的桥梁，是一种具有公共保障功能的服务形态，以"倾听民声，保障民生"为服务基准，比如便民服务热线、社会保险咨询服务热线、紧急救援热线、供电服务热线、供水服务热线等。服务场景的特殊性要求在该服务形态中工作的呼叫中心服务员岗位从业者具备较高的认知水平、职业素养、服务意识、风险识别和应对能力。所以在政务与公用职能服务形态的场景类话术脚本里，尤其需要关注社会性影响、受众心理感知以及受理问题的规范性。

【示例】商业服务形态场景

- 机主认为运营商话费计算错误。
- 机主反复投诉信号不好。
- 向机主说明漫游阶梯计算的方式。
- 向信用卡用户推介信用卡分期业务。
- 客户抱怨在线下营业网点排队太久，服务人员中午不在柜台。
- 客户抱怨无法在线办理手机银行业务，不愿意去营业网点。
- 用户投诉产品发错。
- 用户来电询问使用方法。
- 用户询问移动端操作步骤。
- 向用户进行卖点营销。
- 搭销推介产品。
- 垂直营销产品。
- 受理商业保险报案。
- 客户询问不予理赔原因。
- 推荐高端医疗关怀。
- 客户要求上门安装商品。
- 客户反馈配件漏发。
- 客户反馈售后服务人员态度不好。
- 客户询问最近的加油站。

- 客户反馈加油站的不当操作有安全风险。
- 客户询问油卡登记流程。
- 客户询问地址。
- 客户询问特殊时期登机流程。
- 客户投诉车辆未按时刻表发车。
- 客户反馈到店无房。
- 航班降价后客户要求退差价。
- 客户来电查询订单信息但无法配合提供订单信息。

【示例】政务与公共服务形态场景

- 市民来电情绪激动，催促回复，抱怨其在夜班后等待公交车时，11路最后一班公交车直接开走未停下来，导致自己打车回家。工单内容：经核查，2020年4月9日夜间22：58，11路公交车当班司机未见站台有乘客故直接驾驶离开，行车摄像头并未拍摄到乘客，可能夜间灯光较暗，该市民站在司机视线盲区。
- 市民来电抱怨公积金提取后，三个月发放一次不合理，希望每个月发放。该问题为本市公积金提取政策，无法修改，请安抚市民，至少从两个角度安抚。
- 市民来电情绪激动，抱怨其所在四季小区一期3栋14楼一直在装修，影响休息了，要求政府管一管，经查，该装修住户已报备，符合条件，装修工作均在工作日8：00—12：00和14：00—18：00内进行，请安抚市民。
- 市民是外省市来沪务工人员，因为方言口音严重，座席代表建议使用普通话沟通，市民认为座席代表态度不好，明确在通话中说"我要投诉你"。
- 属地管理导致市民要求提级处理。
- 物业协调赔偿后，市民多次来电。

从场景应对的类别来看，主要集中在情绪类纠缠问题或长期存在的疑难问题。这类问题通常通过差异化的阶梯式回应来处理，主要目的是安抚客户情绪。这种分类方式主要基于呼叫中心运营机构在日常工作中长期积累的实践经验，针对以下几类问题展开场景策划和话术脚本设计：持续性无法解决的难题、因服务不满引发的感知抱怨、高频事件导致的情绪化投诉，以及低频但具有较高风险的问题。这类问题主要涉及以下场景。

- 客户不愿意配合信息核对流程。
- 客户投诉呼叫中心服务员本人服务态度或者技能不佳。
- 客户投诉本公司服务人员在服务过程中的不良表现。
- 因为查询需要其他部门配合协调，让客户产生等待的不满。

- 客户认为公司的产品、服务、流程或者政策设置不合理。
- 客户认为公司存在欺骗行为。
- 通话过程中，出现危害公共安全类言论。
- 通话骚扰，客户纠缠与业务无关的话题。
- 已有定论的重复来电。
- 通话过程中要求找领导对话。
- 要求通过客户服务中心找具体的某内部员工。
- 媒体、记者、律师等敏感人群来电。
- 呼叫中心运营机构本身不涉及的业务内容，但有一定关联信息。
- 客户在等待回电的过程中多次来电。
- 不合理诉求。
- 举报与监督信息提供不全。
- 涉及司法程序的客户请求。

【案例小读】

案例 1　客户表示今天的还款本金应该是 200 零几块钱，利息是 1 块多钱，为什么要偿还 340 多块钱 (此处客户说的金额都只是主险的还款本金和利息，未加上多次给付重疾保险的还款本金和利息，所以导致客户查询到的还款本金和利息与实际还款金额不一致)，但因为非原电话规则限制，座席无法查询还款金额，只能反馈机构处理。

(1) 客户衍生问题：每次拨打电话都得提供身份证号码验证身份，流程烦琐。

组长和座席处理：向客户解释因为来电号码非原电话，所以未带出保单信息，需要客户提供身份证号码查询保单信息，但是客户不认可，认为座席不给其处理问题。

处理难点：座席没有其他沟通和应对方式，只能致歉，重复让客户提供身份证号。

(2) 客户衍生问题：非原电话无法查询保单金额信息，还需要反馈机构处理，规则限制太多，服务不方便。

组长和座席处理：向客户解释保单查询规则，非原电话来电，客户的信息都是隐藏的，会加急反馈机构处理回复。因为现在是机构下班时间，明天上班后会第一时间回复，客户还是不认可，不给公司处理时间。

处理难点 1：座席无可奈何，规则限制导致客户的需求无法满足，只能重复解释规则，并表现出会加急处理的态度。组长联系机构的紧急处理人也无法在下班时间马上回复，缺乏信服力。

(3) 客户自身问题：客户想解决问题，但是从一开始就不配合座席，例如"那你是不是要去派出所查一下我户口啊""我需不需要把我的身份信息挂你们大厅里啊""我在中国在地球，谁知道是什么省什么市""我就要现在给我回复"。

组长和座席处理：只能向客户致歉，让客户理解提供身份证号是为了更好地解决客户问题。

处理难点：客户不配合也无其他方式，只能重复地致歉并安抚，采用提供身份证号、加急处理等话术。

案例 2　2020 年 12 月 24 日，客户来电表示购买保险后一直没有工作人员提示缴费，导致保单失效，对此不满。客户共来电 143 次，组长回电 2 次。

(1) 客户衍生问题：①分公司营销服务部态度不好，告知客户保险费爱缴不缴；②分公司营销服务部之前承诺给自己办理退保，但一直未处理；③保单出险不给其理赔，有打消费者协会电话的意向。

组长和座席处理：座席告知会尽快帮其加急处理，在工单中催办，并将此诉求在"答疑群"报备。此问题一共涉及 5 个组长，分别通过企业微信、电话方式以及邮件向分公司机构朱老师和张老师反馈此问题，并将问题反馈给现场主管。机构老师反馈的结果是已经在处理中，联系客户电话一直打不通，要求组长宣导现场在接到客户电话时，提醒客户要注意接听机构的电话，组长将机构反馈结果告知业务管理岗，随后业务管理岗邮件通知现场。

过程中涉及两个组长回电，其中一个是在 2020 年 12 月 25 日 21：49：27 回电客户，客户表示不处理问题就一直骂，组长还未解释，客户就生气挂机；另外一个是在 2020 年 12 月 29 日 10：06：39 回电客户，表示之前的问题已经处理了，会再次跟进的，客户同意。最终在 2021 年 1 月 5 日，机构按照协议退保处理。

处理难点：座席通过客户投诉了解客户的问题并记录工单反馈，但因权限问题无法在线处理，以及无法与机构老师第三方通话导致比较被动。

座席多次记录工单催办，也仅仅是反馈问题，无法直接对接机构查询处理进度，无实质性的作用。

机构处理进度慢，未能及时安抚客户情绪并提供解决方案，客户也不配合，无其他应对方法。

(2) 客户衍生问题：在后续的多次催办中，因保单失效一直未回复处理，导致客户每次来电催办时辱骂座席，将责任归结到客服中心未帮助客户处理问题。

组长和座席处理：针对客户的辱骂，座席提示使用文明用语，并将对话再次引导到客户的保单问题上，告知会尽快处理。

处理难点：座席遭受客户辱骂，在线安抚客户情绪无果，无其他应对措施，处理流程受限。

【示例】话术赏析

1. 一般安抚

■ 处理需要些时间，不过请您放心，(复述)问题我们的工作人员正在处理中了，请您谅解。

■ 由于(复述)，困难／复杂／原因，需要一些时间，一旦实现(理想情况举例)，肯定是第一时间达成(举例条件)，恳请您耐心等待了。

■ 等了这么长时间确实让人挺着急的，我其实也挺无奈的。

■ 请您放心，解决问题是我们基本的工作要求，我们其实比任何人都着急。待会我会将咱们客户的诉求传达给技术部门的，争取尽快(理想情况举例)实现，我会为您传达妥当的，请您相信我。

■ 坦白来说，我也能理解维修时间较长对您的日常生活造成的困扰，我们也是挺着急的。

■ 供电不稳定的确给生活和工作带来很大的被动，生活上尤其不方便，我也是一个普通群众，非常能够理解您(困扰事件举例)。

■ 相信您也知道(实际工作的困难距离)，我也是一个生活在这里的普通市民。

2. 频繁催促

■ 我明白(困扰事件举例)情况对您的生活造成困扰，我这就为您(工作操作步骤说明)。

■ 您刚刚提到的几个情况，我也是挺有感受，我跟您一样也是普通纳税人。

■ (达成客户诉求条件举例)牵涉各种各样的因素，和生活息息相关，咱们都是老百姓难免会急躁，这都很正常。

■ 您的情绪都很合理，也是应该的，我们的工作还没能做到尽善尽美，让您失望了。

■ 您今天还能打(热线号码)来找到我们，证明您依然给我们时间和机会去为您服务，真的很谢谢您。

■ 坦率来说，我其实挺明白您的心情，(现实情况距离)的确会影响咱们正常生活，如果是我也会非常着急。

■ 您的(复述客户诉求)当中，请您留一些时间给工作人员(达成诉求条件举例)，这样也能确保咱们在(达成情况描述)时的安全及稳定。

3. 已有定论的事件无法继续受理

■ 您的诉求我明白，(单位名称)也是政策规则的执行单位，(上级单位名称)发布的政策，我们也得执行，希望您能理解。

■ 政策是政府制定的，保险公司只能执行，希望您能理解，我可以将您的这个建议反馈给(上级单位名称), 统筹评估后一并向政府反映。

■ 我非常理解您现在的心情, 也同情您的遭遇, 我们会反馈给(单位名称), 建议您同时寻求法律援助, 向政府有执法权的(单位名称)部门反映, 由政府进行干预; 我能理解您所说的, (重复最终答复意见的处理措施), 确实非常遗憾, 目前的答复结果没能让您完全满意, 相信您也知道(单位名称)在您所反馈的问题上只能做一个传达, 您的问题(单位名称)客服中心确实无法继续处理了。我听懂了您的情况和困扰, 相信您也知道问题解决流程和政策也是综合了各方面因素, (单位名称)电话渠道已经无法再延伸解决了, 请您包涵。

4. 不合理诉求

■ 确实非常抱歉, 不管怎么样, 您能拨打我们(热线名称)肯定是出于对我们的信任, 我能了解您的心情和迫切的需求, 请您挂机后寻找其他有效渠道尽快解决您的困扰吧。

■ 我明白你打电话过来肯定是出于对自己权益的考虑, 但是相信您也知道, 您提到的(诉求事宜)权益也受到法律法规的保护, 所以(单位名称)确实无法为您提供私人问题协助了。咱们老百姓遇到事情求个妥帖、放心也是很正常的, 同时请您相信咱们(单位名称)作为国家监管单位, 这方面肯定是考虑过的。

5. 找领导

■ 相信您也知道(热线名称)服务热线主要是提供(举例业务范围)相关问题咨询／办理, 您反馈的找人问题不在我们的服务范围内, 建议您通过其他途径处理。

■ 通过与您交流, 我也知道您非常着急, 我也因为没有帮到您感到非常无奈, 确实我们现在的服务范围是(列举业务范围)相关的, 为了尽快解决您的问题, 建议您尽快寻找其他渠道。

■ 其实我也明白遇到这种情况您也很着急, 所以才会出于信任拨打我们的电话, 咱们(热线名称)所有同事的权限主要是解决(热线类别)相关问题, 这点也希望您能明白, 我没能为您达到诉求其实也挺无奈的。

■ 谢谢您信任我, 我是今日的当班负责人, 请问是关于(复述诉求)问题希望我为您提供协助吗?

■ 您刚刚提及的(复述诉求)我已经了解, 您看既然今天我接到您的电话和您交流, 您也很实在地把情况讲给我听了, 那么这3个问题我会逐一为您提供帮助: 第一, 复述咨询问题……第二, 派单协调问题、后续处理……第三, 此前的情况和服务让您觉得仍有待提升, 您讲的都很在理, 我留存一下您和我的交流信息多给员工们讲解。您能给我们这样坦诚地提出来, 真的很谢谢您给我们机会去多提升, 这样才能让咱们老百姓觉得更贴心。

6. 税收举报无完整信息

■ 谢谢您对依法纳税工作的支持，您这么热心太难得了。

■ 为了落实您刚刚举报的这个情况，让您的反馈转化为咱们税收工作的效益，请您帮忙提供(具体数字)项信息，分别是(需求列举)，这样在挂线后咱们可以立刻反馈进行稽查工作了。

■ 我明白您没法提供完整信息肯定是有多方面考量的，同时咱们考虑到信息不全会导致稽查工作受阻，这样吧(退一步找折中的方法)，挂线后我会将您已经反馈的信息进行留存并反馈，这点您可以放心。另外，在接下来的时间里，如果有进一步的信息请您及时来电告知我们，这样咱们一起配合，工作就会更迅速一些，这个就拜托您接下来稍微费心了哦。

■ 再次谢谢您的主动告知，如果大家都有您这样的意识和主动性，咱们这个纳税工作就会更顺畅了。如果后续您有相关税务的咨询和问题，可以随时拨打12366哦。

7. 属地管理导致市民要求提级处理

■ 明白，其实听完您给我讲的这个事情我蛮感慨的，咱们老百姓生活里遇到这样的事情肯定觉得很烦躁，也很操心的。

■ 你的顾虑肯定是(列举来电心理)，其实相信您也知道12345主要有反馈问题和推动查办的作用，所以可以让您放心的是，第一，您提到的情况我已经完全记录留档了，挂机后我马上就会提报；第二，咱们反馈对接的肯定是(具体名称某市12345)对接的(业务名称)部分；第三，您刚刚提到的建议，根据(来电诉求的内容)开展处理和跟进工作也在您的诉求内容中了(分步骤，市级留档、主要分工任务、会督办回访)。

■ 我知道您肯定是希望通过12345直接为您解决困扰，我能感受到您的顾虑和焦躁，政务服务和办理工作肯定是有不够尽善尽美的地方，您愿意给我讲这些反馈和情绪我也希望能让您好受一些，这是对我的信任，也请您理解这是我目前能为您做的了。

■ 后续叮嘱(在接收回电、交流以及后续此类情况时建议的注意事项)。

▶▶▶ **练习题**

1. 来电者告知自己是英格兰友人，被外派来北京奔驰公司工作，其居住地望京街道的工作人员上门，因为自己的外国人身份，所以沟通态度恶劣，请安抚市民并表达友善态度，至少从两个角度安抚。

2. 市民不愿意和座席代表沟通，需要找领导沟通，表示以前打12345市民服务热线，座席的处理效果不好，请安抚市民接受12345市民服务热线常规的沟通形式，至少从3个角度安抚。

3. 思考为什么场景策划类的话术脚本里较少涉及与集成黏合服务形态相关的运营情况。

3.2.2　业务受理及处理

呼叫中心运营机构日常处理的业务通常可分为以下几类：业务受理、服务咨询、服务不满处理、外呼服务、外呼营销以及外呼干预等。其中，基础的业务受理是呼叫中心在初期发展阶段的核心功能。随着业务熟练度的提升、市场需求的变化，呼叫中心运营机构不断迭代升级，逐渐呈现出智能化的形态。

从服务受理和服务咨询的维度来看，这类呼叫中心主要集中在集成黏合型服务形态中。与商业服务形态及政务与公共服务形态相比，集成黏合型服务形态较为特殊，社会覆盖面较小，多见于特种行业或内部服务场景。这对从事此类服务的呼叫中心从业者的专业技能和熟练度提出了更高要求。例如，航空领域的调度中心、科技型企业的内部园区流转中枢等，其主要职能在于内部信息流转与联动集成。当然，除了这类单一性业务主体，商业服务形态和政务与公共服务形态在日常运营中也会涉及服务受理和服务咨询等基础功能。

对于呼叫中心从业者而言，在处理语音或在线响应业务时，需要严格遵循流程规范，确保信息完整，以便为服务对象提供有效帮助。例如，在基础查询类业务中，通常会涉及个人信息核对，包括单一信息口播、交叉信息验证、语音自动输入验证等场景。这类操作并不需要过多技巧性的话术引导，但必须做到规范、完整，以确保信息安全和流程的顺利执行。另外，在服务咨询场景中，如条款解读或实用型咨询问答，要求从业者能够快速、准确地捕捉服务对象的问题，并定位到相应的条款内容，随后以清晰、易懂的方式提供解答。例如，当外地务工人员咨询某城市公积金提取政策时，可能涉及多种情况，如本地购房、租房、装修、大病医疗、异地购房等，从业者需要根据服务对象的实际情况，找到适用的条款并简洁、明了地反馈，这正体现了一位成熟专业呼叫中心从业者的核心能力。

▶▶▶ 练习题

1. 在呼叫中心运营中，业务受理、服务咨询、服务不满受理、外呼服务、外呼营销，以及外呼干预等不同的业务诉求对呼叫中心服务员岗位从业者能力要求的差异是什么？

2. 呼叫中心服务员岗位从业者在日常应答工作中需要注意哪些方面，从而实现保障服务规范、完整，确保信息安全流程和日常操作流程的实施？

3. 日常完成服务咨询业务诉求的时候，如果已经将政策条目进行了完整播报，但是出现服务对象听不完全以及听不准确的情况，呼叫中心服务员岗位从业者应当如何进一步提升服务咨询业务的技巧？

1. 前端业务咨询

在前端业务咨询场景中，绝大多数是商业性咨询、呼入或呼出营销，比如广为大众熟悉的产品或者服务售前咨询就是典型的前端业务咨询。前端业务咨询的场景中通常还涉及过渡性信息交流，比如服务对象了解产品或者服务信息后就在线要求呼叫中心服务员完成服务受理或者购买的流程。当然，非商业服务形态的情景中也会涉及前端业务咨询，如航空公司与航空调度中心关于航油、航线的交流等。

场景示例：

- 客户咨询线下营业网点地址。
- 客户咨询购买流程。
- 客户咨询产品规格信息。

2. 后端业务咨询

在后端业务咨询场景中，多数会涉及商业服务形态中的产品或者服务的售后业务，有经济交互行为和单一服务都是售后业务的范畴，例如产品或者服务完成购买后的安装、退换货等客户服务诉求等。在非商业服务形态的领域，后端业务咨询通常会出现在内部运维呼叫中心，属于推动公司内部流程、系统以及日常工作开展的交互行为。

场景示例：

- 客户来电预约车辆保养时间。
- 公司内部产品部门来电，要求技术部门更换计算机设备。
- 外呼开展客户满意度调研。

3. 转派业务处理

转派业务处理充分发挥了呼叫中心运营机构在一个组织或者企业单位中的黏合剂、集成器功能。一般转派业务都是由呼叫中心运营机构的呼叫中心服务员进行业务应答、业务受理，然后通过系统或者工单的形式进行组织内部的流转，从而请求后端直接或者间接协助，最终完成客户的来电诉求。

转派业务一般分为直接转派和甄别性转派，直接性转派是指服务对象的诉求从一开始就不是呼叫中心运营机构可以解决的，需要其他对应职能部门或者单位进行处理。例如，单位业务部门要求技术部门上门调试计算机，技术呼叫中心服务团队则需要通过派单的形式请技术人员接收并响应完成工作；市民来电反馈某个商家未开具发票，纳税服务热线的呼叫中心服务员则需要派单通知所属区域的税务工作人员直接完成后续处理和回复工作。

甄别性转派发生在一般业务服务咨询或者服务受理的过程中，比如在正常信息查询过程中，呼叫中心服务员看到的系统信息与客户反馈不符时，需要通过后台或者所属分公司调取原始的精细数据，从而完成客户诉求的解决工作。

场景示例：

- 用户来电告知本月电费异常，系统显示确实是大额电费。
- 市民来电反馈非工作时间工地施工噪声扰民。
- 客户来电投诉分公司技术工人态度恶劣，要求工人本人道歉。

4. 投诉业务处理

投诉业务处理是呼叫中心运营中较高级的服务展现形式，它对呼叫中心服务员岗位人员的同理心、业务知识掌握、沟通技巧及情绪管理能力均提出了更为严苛的要求，旨在精准回应客户的根本诉求。从投诉的具体分类来看，一类主要聚焦于实体产品或服务流程中出现的瑕疵以及企业的操作失误，而另一类则侧重于感性体验不佳或理念差异所引发的情绪宣泄。通常情况下，多数投诉处理过程都会不可避免地涉及情绪表达的层面。

场景示例：

- 客户投诉呼叫中心服务员在讲解产品的时候多次反问，态度不耐烦。
- 客户投诉购买的产品用了一次就发生故障，无法使用了。
- 客户认为每次查询信用卡信息都要核对身份证是多余的流程，不愿意配合，导致服务僵持无法推进。
- 客户在频繁接到公司对其催促缴费的电话后，认为形成了骚扰。
- 因为呼叫中心服务员工作缺失，导致没有及时转派工单给职能部门上门为客户安装商品，引发客户投诉。

▶▶▶ **练习题**

1. 请根据投诉业务处理的误会类、产品质量类、产品服务类、企业工作失误类四大类别场景，分别撰写3个场景策划。

2. 进行业务转派时，呼叫中心服务员应当注意哪些方面？

3. 后端业务处理与前端业务处理的典型区别有哪些，后端业务处理中的哪些关键业务信息素有助于提升客户满意度和感知体验。

第4章 客户分类

4.1 客户分类概述

在当今这个信息化、数字化的时代，呼叫中心作为企业与客户的关键纽带，其服务质量和效率直接影响企业的声誉和业绩。然而，随着客户数量的不断增长，呼叫中心的服务压力也日益增大。如何在有限的时间内，为不同需求的客户提供个性化、高质量的服务，成为呼叫中心面临的一大挑战。在此背景下，客户分类无疑是一项至关重要的策略。它不仅仅是简单的客户区分手段，更是实现资源精准配置、全面提升服务质量和效率的关键途径。

从行业特性来看，呼叫中心运营机构的诞生和发展得益于现代服务业的繁荣与市场需求的增长。作为客户服务中心的广泛定义，其核心运营目标在于倾听客户声音、解决客户问题，进而实现客户满意。客户作为最广泛的服务对象，呼叫中心在日常工作中需要基于对行业属性的深入理解和对交互对象的全面了解，对服务对象进行精细分类。通过不同出发点和维度的划分，识别出具有共性和突出特点的客户群体，以便在服务准备和实施过程中进行个性化调整，从而提升服务效率和客户体验，最终助力企业或品牌提升声誉和客户满意度。

对于呼叫中心服务员而言，在日常工作中除了需要严格按照流程操作、准确传递信息，还需要具备在与客户交互过程中精准捕捉客户性格和心理特征的高级服务能力。这既依赖于个人素养的提升，也离不开对客户的深入了解和经验积累。通过日复一日的通话实践，呼叫中心服务员要梳理出一套有效的客户识别、分类和管理方法，以更好地满足客户需求，提升服务品质。

客户分类，是指根据客户的属性、行为、需求等特征，将客户划分为不同的群体或类别。在呼叫中心服务场景中，客户分类的方法多种多样，包括但不限于以下几种。

(1) 基于客户属性分类，如根据客户的年龄、性别、职业、地域等属性进行分类。这种分类方式简单、易行，能够快速识别客户的基本特征。

(2) 基于客户行为分类，如根据客户的呼叫频率、通话时长、问题类型等行为进行分类。这种分类方式有助于深入了解客户的使用习惯和需求，为提供个性化服务提供有力支持。

(3) 基于客户价值分类，如根据客户为企业带来的利润、潜在价值等进行分类。这种分类方式能够帮助企业识别高价值客户，进而为其提供更优质的服务。

在不同行业中，客户分类的侧重点和画像特征存在差异。当前，行业内广泛采用两种主要的客户画像方法。一种是主流的客户性格画像分类方法，侧重于解析客户的个性偏好和思维方式；另一种则是进阶的定向客户分类方法，依据客户的消费行为属性与商业产品或服务的联结，识别出不同客户群体的价值。这种分类方法与具体行业和行为目的紧密相关。

针对主流的客户性格画像分类，呼叫中心服务员应当具备识别和理解客户个性偏好及思考方式的能力，以便灵活匹配相应的语言策略和工作形式，从而提供更能满足客户需求的服务。表4.1展示了不同类别客户的表现及应对方式。

表4.1　不同类别客户的表现及应对方式

客户类别	表现	应对
类别一	● 他们都抱着审视姿态 ● 他们或许比你还专业 ● 他们的强势让你无从下手	● 多一些本职专业 ● 加一点他所不知道的事 ● 以退为进，适时示弱
类别二	● 他们就是那群"新客群" ● 他们希望得到更多 ● 他们不谈客户忠诚	● 清楚你的底线 ● 让他觉得"占便宜" ● 有策略地持续联络
类别三	● 他们感性且充满想象 ● 他们不懂但相信自己 ● 他们可能冲动，也可能变卦	● 讲讲背后的故事 ● 赞美先行，共情共感 ● 紧密跟进，关注细节
类别四	● 他们平和而友善 ● 他们有目标也没目标 ● 他们可能就认定了你	● 优雅、亲和是你的名片 ● 想他所想，给他所求 ● 你的展示时间

以上客户画像可根据其主要差异进行分类定义，例如分析型、和蔼型、表达型和支配型。

基于对客户分类的了解，呼叫中心服务员岗位从业者还需要了解影响客户情绪感知的因素，从而做好对应的场景策划和话术设计，在日常与客户互动的过程中加以运用或规避，最终实现客户满意度的达成和客户体验的持续优化。

客户分类在呼叫中心服务场景中具有重要的价值和意义。通过客户分类，呼叫中心能够实现提高服务效率、提升客户满意度、优化资源配置、降低运营成本，以及促进企业发展等运营类、客户类、财务类等分层目标。同时，实施客户分类也需要呼叫中心建立完善的客户分类体系、加强客户数据收集和分析、提供个性化服务以及持续优化服务流程。只有这样，呼叫中心才能在激烈的市场竞争中立于不败之地，为企业创造更大的价值。

4.1.1　客户分类目标解析

1. 提高服务效率

客户分类能够帮助呼叫中心快速识别不同客户的需求和问题，从而有针对性地提供解决方案。对于常见问题或需求，呼叫中心可以提前准备相应的答案或策略，减少处理时间，提高服务效率。同时，对于高价值客户或重要客户，呼叫中心可以优先处理其问题或需求，确保服务质量。

2. 提升客户满意度

客户分类能够帮助呼叫中心提供个性化服务，满足不同客户的需求和期望。对于不同类别的客户，呼叫中心可以采取不同的服务策略和方式，如调整语速、改变语气、提供专属优惠等，让客户感受到被重视和尊重。这种个性化服务能够显著提升客户满意度和忠诚度。

3. 优化资源配置

客户分类能够帮助呼叫中心合理调配人力资源和技术资源。对于高价值客户或重要客户，呼叫中心可以投入更多的人力和技术资源，确保其问题或需求得到及时、有效地解决。同时，对于低价值客户或一般客户，呼叫中心可以适当减少资源投入，避免资源浪费。这种资源配置方式能够确保呼叫中心在有限的资源条件下，实现服务质量和效率的最大化。

4. 降低运营成本

客户分类能够帮助呼叫中心降低运营成本。通过识别低价值客户或无效呼叫，呼叫中心可以采取相应的措施，从而降低运营成本。同时，对于高价值客户或重要客户，呼叫中心可以提供更优质的服务和更多的优惠活动，提高其消费额度和忠诚度，为企业带来更多的利润。

5. 促进企业发展

客户分类是呼叫中心实现服务创新和升级的重要基础。通过对客户进行分类和分析，呼叫中心可以发现客户的潜在需求和期望，为企业开发新产品、拓展新市场提供有力支持。同时，客户分类还可以帮助企业识别市场趋势和竞争态势，为企业制定发展战略提供重要参考。

4.1.2　客户分类在呼叫中心服务场景中的实施

1. 建立完善的客户分类体系

呼叫中心应建立完善的客户分类体系，明确各类客户的特征和需求。同时，应根据企业的实际情况和市场需求，不断调整和优化客户分类体系，确保其适应性和有效性。

2. 加强客户数据收集和分析

客户分类离不开客户数据的支持。呼叫中心应加强客户数据的收集和分析工作，建立客户数据库和数据挖掘模型，深入挖掘客户的潜在需求和期望。同时，应加强对客户数据的保护和管理，确保客户隐私不被泄露。

3. 提供个性化服务

在客户分类的基础上，呼叫中心应提供个性化服务。对于不同类别的客户，呼叫中心应采取不同的服务策略和方式，如调整语速、改变语气、提供专属优惠等。同时，应加强对员工的培训和管理，确保员工能够熟练掌握各类客户的服务技巧和策略。

4. 持续优化服务流程

客户分类是服务流程优化的重要手段之一。呼叫中心应根据客户分类结果，对服务流程进行优化和调整，减少无效环节和重复劳动，提高服务效率和质量。同时，应加强对服务流程的监控和管理，确保服务流程的稳定性和可靠性。

4.1.3　影响客户情绪的产品因素

在日常与客户交互的服务过程中，会导致客户情绪波动从而影响客户满意度的因素包括产品(包含虚拟产品)因素、服务因素，以及其他难以通过简单能力调整干预的补充因素。其中，呼叫中心运营机构和呼叫中心服务员岗位从业者需要重点掌握的是前两类因素，其他因素作为补充影响因素，大多为难以通过简单能力调整去干预的因素。

产品因素可细分为产品价格因素和产品本身因素两种，产品价格因素通常包括价格水平在市场中的表现(也称品牌性价比)、促销与优惠情况、同类产品价格对比；产品本身因素则包括产品便捷、质量、性能、选择、技术特性、功能、外观等。从产品价格因素和产品本身因素可以看出，呼叫中心运营机构和呼叫中心服务员岗位从业者能起到的实质性改变作用不大，但是基于对产品价格因素和产品本身因素的了解，呼叫中心运营机构和呼叫中心服务员岗位从业者可以进行客户分类，然后策划客户互动场景和话术脚本，从而更有针对性地解决客户问题，提升客户满意度。

【案例】客户意向分类

汽车行业客户邀约中心基于产品价格因素(见图4.1)和产品本身因素(见图4.2)进行客户分类。

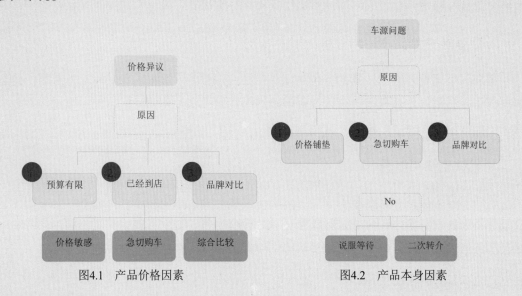

图4.1 产品价格因素   图4.2 产品本身因素

最低价垂询：

- 坦白来说，价格确实是影响咱们买车很重要的因素，您肯定是希望先问下价钱，心里有个数，以免来了之后结果价格不合适白跑一趟对吧。

- 您也跟我交流了这么久，如果您觉得小周还算靠谱，那我想跟你说点实在的。因为各家对外价格大多不会有太大的出入，这点相信您也看到了，如果上来就跟您说一个异常低的价格您也会担心吧，即便抱着期待去了，也大多会有很多附带条件，这点您需要留个心眼。您能否告知我您心里大概的预算是多少，这个月5号以前能定下来吗？

- 这样吧，您今天下午2点前(如果明显知道今天不能过来，争取两天内的时间)来一次，第一，我们针对进店的诚意客户确实有一定浮动，但必须到店，否则见不到客户意向书，咱们确实操作不了，单凭一个电话我去找领导确实很为难，所以您来了我再帮您去申报；第二呢，您看这刚好在月初/月中/月末，您也知道我们每个月有冲量名额，如果您在我说的这个时间点来了，我来帮您安排，咱们来想办法为您做一套合适的购车方案。您应该也听得出来，我这都是跟您说的实在话，如果您真心喜欢，我诚意想做您这个客户，咱们合作一次。

- 后续补充优势、买车需要多方面考虑的内容。

车源有限:

- 确实,咱们买辆车肯定希望能尽快开上,我们很多客户也是这个想法。
- 其实相信您也知道这款车不仅在中国的配额有限,目前在全球都算热门车型,各家的车源情况都差不多,敢轻易承诺的多半都是把客户骗过去,将提车时间一拖再拖。买车本来就是一件开心的事情,我确实不想忽悠您,给一个没有意义的提车时间,反而大家得不偿失。
- 但是呢,跟您说点实在的,我们的稀缺车型针对进店的留档客户有区域或者集团内部网络调车的机制,很多客户也是因为这样才提早开上了市面上很难买到的新车。看得出,您真心喜欢这款车,所以我不轻易承诺您多少天可以提,但是我们为稀缺车型的车主配有专门的销售顾问跟踪,这方面我们这么多年做了很多,您过来留个档我们来帮您想办法。我们的车辆资源每天都在更新,如果真的车到了肯定也是优先给来过店里的诚意客户,这么错过就可惜了。
- 另一方面,你也知道我们集团(举例独特优势),如果我们都拿不到的车源,其他经销商能拿到的可能就更加微乎其微了。
- 后续补充优势、买车需要多方面考虑的内容。

▶▶▶ 练习题

1. 请根据客户的分析型、和蔼型、表达型和支配型等分类写出面对产品缺陷投诉时的安抚话术脚本。

2. 请思考影响客户购买的产品本身因素的侧面价值。

3. 请分别写出产品价格因素中,促销优惠期和非促销期的推介话术,各3条。

4.1.4 影响客户情绪的服务因素

在日常与客户交互的服务过程中,导致客户情绪波动从而影响客户满意度的服务因素比产品因素更具个性化和感性特点,所以需要对客户的心理进行捕捉和追踪,达到经营性的目标沟通效果,采用"以人为本"的交流策略开展客户服务工作。

在影响客户情绪感知和满意度的服务因素中,对服务诉求的积极响应、服务过程中的态度表达、服务技能水平展现是关键的行为表现,例如:

- 当客户提出抱怨和不认可的信息时,呼叫中心服务员岗位从业者应当给予积极回应,对客户表述的内容进行详细了解,有技巧地说明,切勿沉默不语或者采用敷衍的方式回避问题,坦诚相待方可取得客户理解。
- 当投诉正式发生时,呼叫中心运营机构应当配置快速响应的流程,呼叫中心服务员岗位从业者则需要以进阶的服务水平开展客户投诉处理的工作,千万不可在投诉发生很久以后才给予初次服务接待，或认为投诉就是"如临大敌"，支支吾吾，缺乏负责任的态度，这是引发普通投诉转为客户盛怒的典型表现。

● 在服务的过程中，面对客户，应当表达对客户人格的尊重，引发差异认知的因素非常多，呼叫中心服务员岗位从业者应秉承"客户至上"的原则，耐心倾听、主动服务、探寻需求，采用优雅、礼貌的职业用语开展与客户沟通、互动的工作。

总体而言，甄别客户真正的情绪因素，重新激活客户高峰体验，需要经历表达关注、询问现状、切入优势、后续促进4个阶段，每个阶段均可以采用不同的场景话术脚本、沟通技巧工具及个性化的回应，促进客户引导和客户干预。面对客户不满或者盛怒的情况，每一位呼叫中心服务员岗位从业者应做好以下准备：

● 谈钱很正常，但是切忌言行不一、缺乏诚意。
● 给客户戴"高帽子"。
● 向客户展示自己的独特性，一味地道歉得不偿失。
● 切忌立刻向客户摆事实、说道理，不要急于得出结论，应尝试以公信力为自己站台。
● 以意料之外，情理之中的方式展示服务人员的诚意。
● 无论面对什么样的客户，都应提供优质的服务。

进行客户心理分析时，可以从通话体验与礼仪、心理把握与追踪、话术应用3个角度来改善服务质量。

1. 通话体验与礼仪

通话时应避免以下情况。
● 吐字不清楚。
● 偶尔出现通话尴尬，比如笑场、无话可接、不置可否。
● 缺乏"请"等礼貌用语。
● 未向客户表示感谢。
● 给客户的回应不严谨，如特定喜好的指引。
● 未进一步邀请客户，可能出现客户流失风险。
● 未对客户的一些疑问进行有效回应，如异地购买、无特殊增值服务等。

2. 心理把握与追踪

● 客户显然是典型的高意向客户，对本品牌意向高度认可，明确要马上购买，购买商品对客户而言是积极的。通话过程看似愉快、成功，但是实际是因为客户优质而非客户发展专员交流得好。客户发展专员对客户一无所知，对销售邀约没有进一步推进作用，对到店时间没有直接的了解，容易导致客户在与身边人分享时受影响而去其他店。

- 客户因为纠结选择白色还是黑色而征询客户发展专员建议时，直接告知客户选白色，说这款产品本来就不是很大，黑色显小。避免直接帮客户做决定，应避免产品的负面信息。
- 进一步了解客户的来店计划，明确时间段，掌控客户进展，进一步把客户对品牌和车型的单一强认可发展为对经销商和个人服务的认可，避免客户流失风险。
- 增加对利好信息的强调，如有现货商品等。

3. 话术应用

- 客户表示极大兴趣，应感谢客户关注、询问客户这个月是否打算购买(通话互动以提问结束)。
- 面对客户对颜色的征询，应询问客户使用背景，给予对库存有利的引导选择，但不直接说出答案。先引导客户考虑不同颜色的利弊，避免说出客户内心不喜欢的颜色。
- 客户抱怨产品没有增值服务，话术示例：相信您也知道现在客户都有很多个性化需求，品牌为了尊重客户意愿，虽然产品自身目前没有增值服务，但是可以根据您的需求进行加装选择。
- 客户表达是同一个厂商就干脆异地购买，话术示例：确实我们两家店是同一个集团的，我们也可以为您办理异地牌照提供方便，同时考虑到每家店因为规模、地区及销售情况等的不同会有不同的价格、服务等，都是各自经营的，所以(强调优势和好处)需要客户到本家店来。
- 价格优惠请求，话术示例：相信您也知道，商品的价格一直都挺透明的，各家店的价格都差不多，您也看到了我们(经销商优势和实力)，所以价格这方面我们还是很有竞争力的。针对进店客户，我们会有店内的浮动优惠，您刚好也看好并定下来了，这周末前是否可以过来，我可以特地为您申请。
- 进一步明确到店计划，话术示例：请问您这周 / 本月可以来到店里吗？

▶▶▶ 练习题

1. 请根据客户的分析型、和蔼型、表达型和支配型等分类写出面对服务缺陷投诉时的安抚话术脚本。

2. 请思考影响客户发生投诉行为的侧面价值。

3. 请分别写出在客户表达对其他呼叫中心服务员岗位从业者和呼叫中心服务员岗位从业者本人的不满时，应当给予的安抚回应，各3条。

4.2 风险与危机事件

呼叫中心运营机构在日常工作中，时刻伴随着客户诉求的演变：从诉求模糊不清到明晰，从问题初现到圆满解决，从情绪化的不满与抱怨到理解与配合，以及从疑虑重重到信赖选择。在服务过程中，服务风险始终处于动态变化之中。

回顾中国呼叫中心行业二十几年的发展历程，我们不难发现，从不使用普通话、用词不当等细微问题，到可能引发的经济损失和声誉质疑，都构成了客户服务的风险与危机。这些宝贵的经验告诉我们，一些真实的案例能够为呼叫中心服务员岗位的新人们敲响警钟，提升他们对服务风险的警觉性，帮助其在日常工作中敏锐地识别出典型的风险场景和不良因素。

4.2.1 典型案例

【案例一】一家旅行服务公司发生了一起内部问题导致的虚假商品事件，从事呼叫中心服务接待的客户投诉受理人员在处理的过程中，过度暴露了公司赔偿的规则和权限，在服务接待过程中质疑客户"要求赔偿过多，欲壑难填"，导致最终该事件升级。客户将全部信息公布于互联网，引发社会媒体和公众的群体性关注，最终该公司付出了超出本身赔偿数十倍的公关费用才平息该事件。

【案例二】某地区120紧急救援热线，在长达八分多钟的通话中，求助的病人因未能较完整地提供救援信息，导致与120紧急救援热线的接线员沟通不畅。事件中的这名接线员在接电话时，未能准确识别求助者的身体状况，缺乏职业能力和职业素养，未尝试采用不同的方式进行引导或者采取其他探询信息的沟通方式，语气表达高高在上，颐指气使，充满了官僚主义的优越感，导致最终延误救援，该名求助者不幸去世。

【案例三】某奶粉品牌北美地区的商品出现了"甲虫事件"，导致中国市场的消费者产生了疑问和不安，短时间内大批消费者拨打了该奶粉品牌中国市场的客户服务中心电话。在长时间的高频、单一质询电话服务过程中，某些接线服务人员陷入倦怠，表现出不以为然的态度，在与客户交流中表达"这没什么大不了的，这是很多人都说过的问题了"之类的不当回应，引发歧义，让消费者以为事实就是如此，在此后很长一段时间极大影响了中国消费者对该品牌的品牌信赖度和该品牌的市场销售占有率。而事实上，"甲虫事件"仅涉及美国地区一个批次的品质缺陷商品，跟中国市场没有直接关系，在华地区的产品是安全可信赖的。

【案例四】某航空公司呼叫中心，一位呼叫中心服务员岗位从业者接到一位旅客针对航班延误情况的咨询和抱怨。在天气良好的情况下，航班仍然发生了延误，旅客对此自然流露了气愤和不友好的态度。这名呼叫中心服务员岗位从业者未能积极采取换位思考的方式去尝试安抚和积极关心，反而在旅客明确表示自己是知名律师，也有媒体界的朋友时，仍以漠不关心的傲慢态度发表了不恰当的表达，最终导致该事件发布于网络，受到了媒体广泛关注，给航空公司带来了负面影响和直接经济损失。

▶▶▶ **练习题**

1. 请思考呼叫中心应用在商业服务形态中可能存在的服务风险和危机。
2. 请思考呼叫中心应用在政务与公共服务形态中可能存在的服务风险和危机。
3. 请思考呼叫中心应用在集成黏合服务形态中可能存在的服务风险和危机。

4.2.2 风险场景识别

呼叫中心作为现代企业中不可或缺的服务和沟通平台，其日常运营需要大量的人力、物力、财力投入，以及与客户、合作伙伴、供应商等多方面的交互。在这样的复杂环境中，风险识别对于确保呼叫中心稳定、高效运行具有重要意义，其运营稳定性直接关系企业的形象和声誉。通过风险识别，可以及时发现并消除潜在的风险因素，确保呼叫中心运营的稳定性和可靠性。

1. 风险场景分类

在日常呼叫中心运营中，管理人员需要考量以下风险，提前做好预警和演练工作。

1) 技术风险

(1) 系统稳定性风险：呼叫中心的核心是电话交换系统和客户服务系统，这些系统的稳定性直接影响呼叫中心的运营效率和客户满意度。因此，需要定期对系统进行维护和升级，确保系统的稳定性和可靠性。

(2) 数据安全风险：呼叫中心涉及大量的客户信息和交易数据，如果这些数据被泄露或被篡改，将给企业带来严重的损失。因此，需要建立完善的数据安全管理制度和技术防护措施，确保客户信息的安全性和完整性。

(3) 技术更新风险：随着技术的不断发展，呼叫中心需要不断更新和升级技术设备与软件系统。然而，技术更新可能带来兼容性问题、操作难度增加等风险。因此，在进行技术更新时，需要充分考虑这些因素，并制定相应的应对措施。

2) 人员风险

(1) 员工流失风险：呼叫中心是一个劳动密集型行业，员工的稳定性和忠诚度对呼叫中心的运营至关重要。然而，由于工作压力大、工作内容单一等，员工流失率较高。因此，需要建立完善的员工激励机制和培训体系，提高员工的满意度和忠诚度。

(2) 服务质量风险：员工的服务质量直接影响呼叫中心的运营效果和客户满意度。如果员工服务态度不好、业务技能不熟练等，将给客户带来不良体验，并影响企业的形象和声誉。因此，需要加强对员工的培训和管理，提高员工的服务质量和专业素养。

(3) 人员安全风险：呼叫中心涉及大量的客户信息和敏感数据，如果员工泄露了这些信息或进行了不当操作，将给企业带来严重的损失。因此，需要建立完善的人员安全管理制度并采取完善的技术防护措施，确保员工的行为符合规范和要求。

3) 业务流程风险

(1) 流程设计风险：呼叫中心的业务流程设计需要考虑客户需求、企业资源、市场变化等多方面因素。如果流程设计不合理或过于复杂，将影响呼叫中心的运营效率和客户满意度。因此，需要不断对业务流程进行优化和改进，确保其合理性和高效性。

(2) 流程执行风险：在业务流程执行过程中，可能会出现各种问题和意外情况，如系统故障、客户投诉等。这些问题和意外情况如果处理不当，将影响呼叫中心的运营稳定性和客户满意度。因此，需要建立完善的应急处理机制和问题解决流程，确保问题能够及时得到解决。

(3) 合规性风险：呼叫中心在运营过程中需要遵守相关的法律法规和行业标准，如保护客户隐私、防止欺诈等。如果呼叫中心未能遵守这些规定，将面临严重的法律风险和声誉损失。因此，需要加强对合规性风险的管理和监控，确保呼叫中心的运营符合相关法规和行业标准。

4) 外部风险

(1) 市场风险：市场变化是呼叫中心面临的重要外部风险之一。如果市场需求发生变化或竞争对手采取新的营销策略，将影响呼叫中心的业务量和收益。因此，需要密切关注市场动态和竞争对手的动向，及时调整自己的营销策略和服务方式。

(2) 自然灾害风险：自然灾害如地震、洪水等不可抗力因素可能对呼叫中心的运营造成严重影响。因此，需要建立完善的自然灾害应急预案和防护措施，确保在自然灾害发生时能够迅速恢复运营。

(3) 政策风险：政策变化也可能对呼叫中心的运营产生影响。例如，政府可能出台新的法规或政策来规范呼叫中心的运营行为或调整行业税率等。因此，需要密切关注政策动态并及时调整自己的运营策略以适应政策变化。

可以看到，在风险识别过程中需要考虑技术风险、人员风险、业务流程风险和外部风险等多个方面，并采用相应的方法和工具来有效地识别与管理这些风险。

此外，从终端服务的角度来看，呼叫中心服务员岗位从业者所处行业不同，其日常业务特性存在差异；从功能性的表达来看，不同的行业应用均包含共性风险场景和特性风险场景。共性风险场景中一般包含：特殊人群，例如社会认知中的典型弱势群体(老人、儿童、病人、孕妇、残疾人群、贫困地区人群等)、律师、媒体记者、社会公众人物、企业重要客户或者白名单人群；公共群体性事件；与敏感时事和当下要闻相关的缺陷问题；涉及重大金额或人民生命财产安全事件。

2. 常见的风险管理工具及方法

为了有效地识别呼叫中心日常运营业务中的风险，可以采用以下常见的风险管理方法和工具。

(1) 风险评估矩阵：通过建立一个风险评估矩阵来评估各种风险的可能性和影响程度，从而确定哪些风险需要重点关注和应对。

(2) 故障树分析法：利用故障树分析法识别可能导致呼叫中心运营中断或失败的潜在因素，并制定相应的应对措施。

(3) 数据分析工具：利用数据分析工具对呼叫中心的历史数据进行分析和挖掘，发现潜在的风险因素和趋势变化，为风险识别提供数据支持。

(4) 内部审计和合规性检查：通过内部审计和合规性检查发现呼叫中心在运营过程中可能存在的合规性问题和风险隐患，并采取相应的整改措施。

3. 不同服务形态的风险场景

呼叫中心的行业应用中，商业服务形态、政务与公共服务形态、集成黏合服务形态三种服务形态的导向不同，它们分别以服务经济价值、民生保障与维护以及谨慎执行作为基本服务底色，各形态下具有代表性的风险场景也有所不同。

(1) 商业服务形态下具有代表性的风险场景：

● 涉及产品本身或者服务本身缺陷的高频问题已经在社会舆论中产生了负面影响；
● 产品和服务的虚假信息；
● 具有高经济价值的质疑；
● 个人信息安全相关疑问。

(2) 政务与公共服务形态下具有代表性的风险场景：

● 人民群众基本民生保障；
● 人民群众生命安全和财产安全；
● 社会治安公共群体事件；
● 信息准确和不良态度(例如傲慢、讽刺、拒绝、推诿等)。

(3) 集成黏合服务形态下具有代表性的风险场景：

● 涉及安全生产的信息；
● 涉及持续性正常生产的保障信息；
● 涉及精密联动的集成环节。

4. 风险及危机事件案例

在呼叫中心服务行业，服务态度和准确性对客户满意度和企业形象至关重要。以下案例展示了呼叫中心服务员因态度问题或回答错误而引发的不良社会影响和严重后果。

【案例一】客户投诉处理不当引发品牌危机

情况描述： 张女士拨打某知名电商平台的客服电话，反映其购买的商品存在严重质量问题。客服代表在接听电话时态度冷漠，对张女士的投诉表示不耐烦，甚至质疑其陈述的真实性。张女士感到被忽视和侮辱，随即将此事发布至社交媒体，迅速引发大量网友关注和讨论，导致该电商平台品牌形象受损，股价下跌。

后果： 电商平台不得不公开道歉，并对涉事客服进行严肃处理，同时加强客服培训，提升服务质量。然而，此次事件仍给品牌带来了长期的负面影响。

【案例二】错误指导导致客户财产损失

情况描述： 李先生致电某银行客服，咨询如何安全地进行一笔大额转账。客服代表因疏忽大意，未充分了解李先生的具体需求，便错误地指导其使用了一个不安全的转账方式。结果，李先生的资金被不法分子盗取。

后果： 银行不仅要承担李先生的全部经济损失，还面临监管机构的处罚。此事件也引起了公众对银行安全性的质疑，导致客户信任度下降。

【案例三】服务态度恶劣引发公众愤怒

情况描述： 王先生因手机信号问题拨打某电信运营商的客服电话，希望得到解决方案。然而，客服代表在接听电话时态度极其恶劣，不断打断王先生的陈述，并用侮辱性语言回应。王先生将通话录音上传至网络，引发广泛关注和愤怒。

后果： 电信运营商被迫发布声明，对涉事客服进行严厉处分，并承诺加强服务管理。此事件严重损害了企业的社会形象，导致客户流失。

【案例四】信息泄露引发隐私危机

情况描述： 赵女士致电某保险公司咨询保险事宜，客服代表在记录信息时，不慎将赵女士的个人信息泄露给了第三方。赵女士随后收到大量垃圾短信和推销电话，生活受到严重干扰。

后果： 保险公司因违反隐私保护法规被罚款，并面临法律诉讼。同时，公司声誉受损，客户信任度大幅下降。

【案例五】误导性回答导致客户决策失误

情况描述： 刘女士拨打某理财公司的客服电话，询问某款投资产品的风险与收益情况。客服代表为了促成交易，提供了过于乐观的预测和误导性的信息。刘女士基于这些信息做出了投资决策，最终遭受重大经济损失。

后果： 理财公司不仅要赔偿刘女士的经济损失，还面临监管机构的调查。此事件也暴露了公司在产品宣传和客户服务方面的严重问题，导致客户流失和市场份额下降。

【案例六】紧急救援服务延误导致生命危险

情况描述：某医疗救援中心的呼叫中心接到一位心脏病患者的紧急求救电话。客服代表在处理过程中疏忽大意，未能及时将求救信息传达给救援团队，导致救援行动严重延误。最终，患者因没有得到及时救治而死亡。

后果：医疗救援中心面临严重的法律责任和社会舆论压力。政府监管部门介入调查，并对该中心进行了严厉处罚。此事件也引发了公众对医疗救援体系效率和可靠性的广泛质疑。

这些案例强调了呼叫中心服务员在服务过程中保持专业态度、准确回答客户问题的重要性。任何疏忽或不当行为都可能给企业带来不可挽回的损失和严重的社会影响。

▶▶▶ 练习题

1. 请思考在商业服务形态中，通信行业、互联网电子商务行业、银行业可能发生风险的场景。

2. 请思考在政务与公共服务形态中，119 热线、110 热线及 95598 热线可能发生风险的场景。

3. 请思考在集成黏合服务形态中，中航信呼叫中心、民航调度塔台、高新技术园区呼叫中心可能发生风险的场景。

第5章 服务质量标准

5.1 呼叫中心行业质检规范概述

服务质量在呼叫中心行业有着举足轻重的地位，它不仅是衡量企业运营效率、客户满意度及品牌声誉的关键指标，更是推动企业可持续发展、增强市场竞争力的核心要素。其中，客户满意度是衡量呼叫中心服务质量的最直接和最重要的指标之一。当客户遇到问题时，他们期望能够得到及时、准确、专业的解答和帮助。如果呼叫中心能够提供这样的服务，那么客户的满意度自然会得到提升。相反，如果服务质量低下，如态度冷漠、回答错误或处理效率低下，则将导致客户不满，甚至引发客户投诉和负面口碑传播。因此，提升服务质量是提升客户满意度的关键所在。一个以客户为中心、注重服务质量的呼叫中心必然能够赢得客户的信任和忠诚，为企业带来长期的业务增长。

服务质量评估是为了进一步规范呼叫中心运营机构和呼叫中心岗位从业者在日常工作中的具体工作行为表现，服务质量的质检工作是在呼叫中心行业中普遍开展的，一般会交叉执行通用评估标准和行业专属标准两套逻辑后形成一份综合服务质量评估报告。每一家呼叫中心运营机构都会制定统一的标准评估体系，并且按照标准检查流程执行抽样监控、实时监控等，同时在保证服务质量的情况下，不断提高整体服务水平及能力。服务质量评估工作一般定义为通话质量评估或者服务质量质检(简称质检)。

通话录音抽检是指呼叫中心管理者定期或不定期地从大量的通话记录中随机抽取一部分录音，进行仔细听取和分析的过程。这一过程旨在通过实际通话内容来评估客服人员在服务态度、沟通能力、问题解决效率及专业知识等方面的表现。通常，通话录音抽检流程包括确定抽检标准、随机抽取录音、独立评分或评审、汇总分析结果，以及反馈与改进等步骤。

通话录音抽检是呼叫中心管理的精细化工具，其深远意义远不止于简单的质量评估。它如同一面镜子，可以真实反映客服人员在与客户交流时的每一个细节，从语气语调、情绪管理到专业知识运用，无所不包。这种全面而深入的剖析，使企业能够精准定位服务中的亮点与不足，为个性化培训和定制化提升策略提供依据。

更重要的是，通话录音抽检促进了企业内部的学习与交流。通过分享优秀录音案例，客服团队成员可以相互学习、借鉴，共同提升服务技巧与应变能力；而分析问题录音则能集体反思，避免类似错误重现。这种正向循环不仅增强了团队的凝聚力与协作能力，还激发了客服人员自我提升的积极性，形成了追求卓越服务的氛围。

此外，随着人工智能与大数据技术的发展，通话录音抽检正逐步智能化、自动化。借助AI技术，可以实现对海量录音的快速分析，提取关键信息，为管理者提供更加精准、及时的反馈。这不仅提高了抽检效率，还使得服务质量的监控与改进更加高效、精准，为呼叫中心在竞争激烈的市场中保持领先地位提供了有力保障。

通常质检范围包括呼叫中心运营机构正在参与接线工作的所有人群，所有呼叫中心服务员岗位从业者均需要遵循一份较为标准的质检评估体系，完成日常的语音或者在线服务工作质检，部分呼叫中心运营机构针对不同业务线或者工作类别会涉及不同的质检评估体系(例如回访、营销、服务等不同业务组)。需要注意的是，在非一线服务业务工作的人员(例如班组组长、话务主管、培训师或者质检专员本人)，如果因为话务应急或者工作熟练度测试等因素参与了日常服务工作，也需要被纳入质检范围。

一级监控人(质检专员)指直接对抽取样本进行质检的质量监控人员。质检专员对从事一线业务的呼叫中心服务员的录音进行常规性的质检工作，每日负责汇总质检结果并发送至一线呼叫中心服务员岗位从业者处，对出现致命性错误的人员安排一对一的沟通并做好记录。质检专员的其他工作包括：依据质检组组长抽取的样本录音，开展录音质检工作；受理一线呼叫中心服务员提交的录音复核单并复核录音；负责及时将致命性错误及隐患反馈给质检组组长，并跟踪、监控各项问题整改情况；提供质检收集的素材，整理案例，提出培训需求和质量提升建议及措施；协助完善监控方式及质量评估体系；为呼叫中心运营机构的话务水平提升提出合理、有效的措施，加强话务监控等工作。

二级监控人(质检组组长)指当呼叫中心服务员岗位从业者本人对一级监控结果进行申诉后，对申诉样本进行再次质检的人员。质检组组长负责质检组的相关工作开展，对内做好工作安排和管控、问题协调，并对所有质检数据及指标负责；根据日常输出的质检结果，依据服务质量标准抽取样本录音，分配并开展录音质检工作；负责在质检校验会、申诉会中判定质检复核是否成立，并及时更正质检结果；在质检团队中发现了致命性错误及隐患时，尽快将结果反馈给业务相关团队管理者，并跟踪、监控各项问题整改情况；每日监督、指导质检专员保质保量地完成质检相关工作；按照呼叫中心运营机构的管理要求提供定期或临时的质量数据，并进行初步分析，对数据的真实性负责；组织召开质量评估报告会及案例分析会议，同时将质检复核单验收、归档；根据质检收集的素材整理、编写案例分析，提出培训需求和质量提升建议及措施。

5.2　服务质量评估工作机制

常态化的服务质量评估工作一般包括日常质检考评工作、日常质检申诉工作、日常质检校准工作及日常规范化整理工作。

5.2.1　日常质检考评工作

(1) 质检专员对前一天(或根据质检周期调整)的录音进行质检,按照前一天的话务量抽检一定比例的录音样本(不同呼叫中心运营机构的抽检率存在差异,部分有智能化质检参与的呼叫中心运营机构会采取全量语音质检的形式)。

(2) 对被质检录音样本进行评分,需要说明扣分点、扣分依据、正确解答等,对需要纠正的错误或偏差,应要求座席回拨。

(3) 对录音样本考评无误后,需要对此样本在系统中进行保存。

(4) 被质检的呼叫中心服务员岗位从业者对质检考评结果无异议的,直接进行归档;需要回拨或跟进处理的,需要在1个工作日内回拨并归档(有其他约定时间除外);有异议的,可向直属管理者提出申诉。

(5) 质检组组长在1个工作日内对申诉进行质检,确实出现问题的需要重新评分,重新评分的应以质检组组长的评分为准,对需要纠正的错误或偏差,应要求回拨。

(6) 质检组组长将质检结果即时反馈给前台一线的业务组长。

(7) 质检后发现需要回拨的呼叫中心服务员岗位从业者应在1个工作日内进行回拨处理,一般应由呼叫中心服务员岗位从业者本人回拨,如出现较复杂的问题或不适合本人回拨的情况应由直属管理者进行回拨,不需要回拨的可直接归档、完结。

【示例】质检考评流程图(见图5.1)

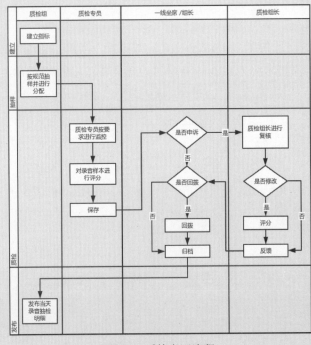

图5.1　质检考评流程

5.2.2　日常质检申诉工作

(1) 质检专员接收到被质检的呼叫中心服务员岗位从业者的质检申诉申请时，对申诉问题根据质检标准进行检查，并对质检申诉的内容进行初步判定，如果存在与质检标准明显不符的申诉内容可以直接驳回，并且告知对应的组长。同时整理质检申诉表，及时对质检通过的数据进行更新，并将质检申诉结果发送邮件给对应的组长、质检组组长。

(2) 对质检结果判定存在异议，前台业务组长可指定其他质检专员进行二次评定，如果对再次判定结果仍有异议，则由质检组组长进行最终判定。

(3) 质检组组长负责对被质检的呼叫中心服务员岗位从业者的申诉理由及质检专员的复核情况进行重新复查，并结合质检的打分规范和标准进行最终结果的判定，申诉结果为最终结果，不再接受二次申诉。

(4) 前台座席及组长在质检结果发布之日起的两个工作日内，可对质检结果存在异议的录音样本发起申诉并填写质检复核单，超过两个工作日未进行申诉的质检结果认定为最终质检结果，不能对质检结果再进行申诉。

(5) 对服务规范、业务解答等内容的质检结果进行申诉，态度类问题通常不接受申诉。

【示例】质检申诉流程图(见图5.2)

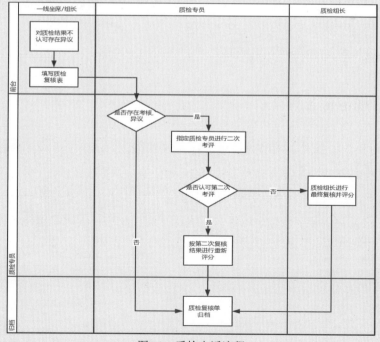

图5.2　质检申诉流程

【示例】客服中心质检复核单(见表5.1)

表5.1 客服中心质检复核单

申请人		热线		申请日期	
录音流水号			指定复核人		
复核理由					
请仔细阅读以下文字：本人已对质检复核实施细则完全了解，并尊重此次复核结果！					
申请人确认签字：					
复核得分			复核人签字		

5.2.3 日常质检校准工作

(1) 日常质检校准工作以会议形式召开，每月质检评估周期结束后，由质检组组长组织开展，参与人员由质检专员和质检组组长组成(部分业务重点也可邀请其他管理层及一线呼叫中心服务员岗位从业者代表参加)。

(2) 质检组组长随机提取座席录音并播放，按照质检考评标准及规范对录音打分，其间不得进行讨论。主要了解质检专员的判断是否存在不一致或差错情况，对质检校验的结果进行整理、分析并形成会议纪要。

5.2.4 日常规范化整理工作

(1) 所有质检相关资料必须由质检组进行保管，包含但不限于质检复核表、质检校准会议纪要、质检评分表等，各类档案资料至少保留1年，以备核查。

(2) 每月提交质量月报，总结共性问题、业务知识需求、改进措施及建议，作为质检组工作的产出结果，用于运营端对各组情况进行了解和跟进。同时将质检结果提交至培训组，作为培训工作开展的重要依据。

▶▶▶ **练习题**

1. 请思考服务质量评估工作对呼叫中心运营机构的意义。

2. 请思考在与被质检的呼叫中心服务员岗位从业者就扣分和评估工作进行交流时，应当注意哪些内容。

3. 请尝试模拟开展一次质检报告会。

5.2.5　服务质量提升方法

服务质量提升是一项长久、持续的工作，始终保持对服务质量的关注、监督和持续优化，能让服务对象增加对呼叫中心运营机构本身的好感度、忠诚度、信赖度。从短期来看，服务质量的提升是提升日常运营服务水平，满足用户需求的重要保证，也可以使目标服务对象更稳定；同时在内部发展中，呼叫中心运营机构可以通过对自身服务质量的严格检查，动态观察和提升自身产品和服务的质量，获得良好的口碑，从而发展新的受众群体，提高市场份额、群众基础认可等。从长期来看，服务质量关注和提升对呼叫中心运营机构树立良好的文化理念也具有十分重要的作用，是贯彻运营服务愿景、工作使命及核心价值的重要手段。坚持以客户为中心的理念，督促呼叫中心服务员岗位从业者在服务互动环节始终保持较高的服务水平与较全面的服务技巧，最终可以提升服务团队的整体服务素养和服务意识，获得与服务对象的良好沟通。

常见的服务质量提升方法如下。

(1) 通过周期性的质检案例分享会议和录音赏析，帮助呼叫中心服务员岗位从业者直观感知服务过程中的声音画面，唤醒服务意识，借鉴优秀经验，规避共性服务缺陷。

(2) 开展以专题为导向的重点提升项目，例如将某一段时间定为"服务质量提升月"，加强关联服务考评条目的质检工作。

(3) 邀请在日常质检评估考评中表现不佳的呼叫中心服务员岗位从业者参与质检打分和录音听检工作，尝试撰写录音赏析文稿，从而在海量真实录音场景中查漏补缺，激发服务觉知和自我反思。

(4) 提取录音片段进行最佳实践收集，以实际应用的词汇和话术短语为工具进行话术对练，提升关键服务环节的判别能力和应对技巧，将录音分阶段进行工具切入，从而实现"对症下药"。

▶▶▶ 练习题

1. 请思考"服务质量提升月"活动中涉及的关键服务环节有哪些？

2. 针对服务质量评估持续不达标的呼叫中心服务员岗位从业者，可以采用什么方式进行管理引导和能力提升训练。

3. 请尝试撰写一份录音分享报告。

5.3　通话质量评定体系

呼叫中心运营机构中采用的通话质量评定体系结果一般分为发生致命性错误、发生非致命性错误和未发生错误三种。致命性错误通常为业务解答不准确，对服务对象造成重大影响或服务态度存在明显缺陷，严重影响整体话务质量，甚至导致服务对象发起投诉的错误；非致命性错误通常为业务和技巧存在一定缺陷，会影响话务质量的错误，评判项目一般集中在规范流程用语、必要流程处理、合理使用闭音键、准确理解问题、完整有效解答、规范应答服务、语言表达等方面。

呼叫中心行业普遍采用的评估标准分为打分制(加分制和扣分制)和未通过质量监控两种标准。常见的质检评估体系中均会配置考评维度、考评具体条目描述以及打分规则。

打分制一般分为优秀、良好、合格以及不合格等档位，未通过的考核标准一般为当月致命性错误率超过2%或非致命性错误率超过15%。

致命性错误率=产生致命性错误的业务监控次数/业务监控总次数

非致命性错误率=(产生非致命性错误项目数/非致命性错误项目总数)×业务监控总次数

【示例】业务监控评判标准(见表5.2)

表5.2　业务监控评判标准示例

评判项目		评判标准	评判结果	
			通过	未通过
致命性错误	提供完整、准确的信息	准确提供关怀信息/解答客户问题(准确信息以知识库内容为标准)，回答错误的视为该项未通过		
	提供规范服务	耐心、细致地解答客户问题(语气无不耐烦，语速适中，无抢话，无禁用语等)，如有违反视为该项未通过		
非致命性错误	规范流程用语	①使用标准的开场白、结束语 ②合理使用魔术语、等待招呼语 如有违反视为该项未通过		
	必要流程处理	①按工作流程核对重要信息等，重复身份证号码 ②规范挂机 如有违反视为该项未通过		
	合理使用闭音键	正确使用闭音键，如有违反视为该项未通过		
	准确理解问题	准确、快速地判断客户问题所在，了解客户实际需求，如有违反视为该项未通过		

续表

评判项目		评判标准	评判结果	
			通过	未通过
非致命性错误	完整、有效地解答	①提问及回答有针对性，能引导客户，能有效控制对话节奏的主动权；在客户对某些问题产生混淆时，能使用恰当的语言总结性阐述客户问题 ②能提供完整、准确的业务信息 ③回答快速、简洁、流畅 如有违反视为该项未通过		
	规范应答服务	①主动倾听，注意力集中，不随意打断客户 ②对客户的需求给予快速回应，通话过程中无冷场或停顿 ③用语规范、专业 如有违反视为该项未通过		
	语言表达	①音量适中 ②普通话标准，吐字清晰 ③无口头禅 如有违反视为该项未通过		

【示例】电话服务评估细则(见表5.3)

表5.3　电话服务评估细则

错误类型	评估类型	评估项目		合格	不合格	得分
非致命性错误	服务规范(15%)	1.1	服务用语	1. 适时、完整、规范地使用热线的服务用语及话术，如开场白、答复语、查询用语、结束语等 2. 挂机处理恰当，无急于挂机或挂机处理不及时的现象(如市民无挂机意向但已无诉求时，使用恰当询问语句规范地结束电话，如"请问还有其他信息需要咨询的吗")	1. 未使用或未适时、完整、规范地使用热线的服务用语及话术，如开场白、答复语、查询用语、结束语等 2. 挂机处理不恰当，急于挂机或挂机处理不及时(如在市民无挂机意向且已无诉求时，未及时处理，电话处于在线无声状态)	5
		1.2	基本服务规范	1. 恰当地使用服务礼貌用语 2. 未出现不规范的感叹词或与工作无关的声音，如无口头语、无尾语、无自言自语、无关话语、笑声、叹气等	1. 未使用服务礼貌用语 2. 出现不规范感叹词或声音，如口头语、尾语、自言自语、无关话语、笑声、叹气等	5

续表

错误类型	评估类型	评估项目		合格	不合格	得分
非致命性错误	服务规范(15%)	1.3	IVR满意度测评	主动、规范地执行IVR满意度测评	1. 未主动执行IVR满意度测评 2. 过度地执行了IVR满意度测评 3. 未执行IVR满意度测评	5
	服务技能(30%)	2.1	语音语调语速	1. 语言热情、声音饱满有精神 2. 语气耐心、中肯、平和，音调平稳 3. 语言速度恰当，合理停顿	1. 声音疲惫乏力，无精神 2. 语气平淡、缺乏热情，音调不够中肯 3. 语音速度过快或过慢，或语速过快，导致客户反复询问	10
		2.2	耐心倾听	1. 回应及时、诚恳，通话中无冷场 2. 未出现抢话现象，在恰当的时候能够礼貌地切入客户的表述中 3. 在客户有需求或致谢时，应答及时、恰当(如表示"感谢或稍等"等情况)	1. 与客户的沟通中，回应不及时、敷衍，或出现冷场 2. 出现抢话现象，询问时机不恰当，影响客户的正常表述 3. 在客户有需求或致谢时，未及时、恰当地应答(如表示"感谢或稍等"等情况)	6
		2.3	表达技巧	1. 表达流畅、连贯 2. 告知信息时合理停顿 3. 表达清晰、有逻辑性，前后表述一致	1. 表达欠流畅，断断续续、打结、卡壳 2. 以机械式或无合理停顿等方式告知信息 3. 表达不清晰、无逻辑性，前后表述不一致	6
		2.4	同理心	对客户的感触、情绪等表示理解，对客户的负面情绪及时、婉转地安抚	对客户的负面情绪及抱怨安抚较敷衍或未安抚	8
	业务能力(25%)	3.1	诉求理解	1. 能够根据客户的阐述，准确、及时地总结出诉求内容 2. 在信息清晰的情况下，没有要求客户重复叙述	1. 对于客户的阐述，在信息清晰的情况下，要求客户再次重复叙述或再次提问 2. 对于客户的阐述，在信息清晰的情况下，确认的内容与客户阐述不符 3. 在客户阐述不清晰的情况下，未通过提问来进行确认	7
		3.2	有效导引	1. 沟通中使用正面、积极的言辞交流，内容中肯、恰当、合理，并能较好地处理客户的反对意见	1. 沟通中交流的内容不恰当、随意，未能较好地处理客户的反对意见	8

续表

错误类型	评估类型	评估项目		合格	不合格	得分
非致命性错误	业务能力(25%)	3.2	有效导引	2. 对电话沟通有较强的掌控力，沟通内容紧密围绕着有效诉求的阐述及相关信息及要素的索取，并且不拘泥于同一问题和不同观点的讨论 3. 对热线的各项制度或规则、线路异常等，能够积极、恰当地给予说明(如热线定位、回访机制、工单要素、转接流程、处理时限等) 4. 掌握电话节奏，未出现被动地、机械化地一问一答，未主动提问或主动告知 5. 核对确认但未过多核对或未逐字确认诉求人信息 6. 提问内容有针对性，能够根据实际诉求问到点子上	2. 对电话沟通的掌控力薄弱，思维混乱或过于急躁，未围绕有效诉求进行沟通，或纠结于同一问题 3. 对热线的各项制度或规则、线路异常等解说时，出现机械化、程序化或无奈的表述(如热线定位、回访机制、工单要素、转接流程、处理时限等) 4. 被动地进行一问一答、未主动提问或未主动告知，无法掌握通话节奏 5. 未核对确认、过多核对或逐字确认诉求人信息 6. 提问内容与诉求无关联性	8
		3.3	诉求解答	1. 完整、准确地提供贴合诉求所需的信息 2. 提出恰当的建议 3. 完整、规范地告知答复要点 4. 按照热线的要求和规则进行处理，符合热线流程及规则要求 5. 妥善处理客户提出的不合理或无理诉求	1. 提供的信息过于笼统，不能满足诉求所需 2. 提出的建议不恰当 3. 未按照热线的要求和规则进行处理，如不正确地进行催单/重新交办，电话转接处理不规范，电话中断延续处理不规范等情况，并出现可受理的诉求建议客户自行解决等行为 4. 在客户提出不合理或无理的诉求时，处理得不够妥善	10
	工单记录与派发(30%)	4.1	诉求区域	正确选择诉求区域	1. 诉求区域选错 2. 诉求区域未选择	2
		4.2	事件内容规范	1. 事件描述完整、准确 2. 事件描述语句通顺，简洁明了	1. 事件描述有偏颇(不影响处理) 2. 事件信息未记录或未完整记录(不影响处理) 3. 事件描述语句不通、烦琐	10
		4.3	工单填制格式	1. 工单格式记录规范 2. 无错别字 3. 性别选择要正确 4. 热点事件、关键词勾选正确	1. 工单格式错误 2. 错别字(两字及以上) 3. 性别选择错误 4. 热点事件、关键词未勾选或选错	4

错误类型	评估类型	评估项目		合格	不合格	得分
非致命性错误	工单记录与派发(30%)	4.4	诉求内容分类	正确选择各级分类	各级分类选择不正确	10
		4.5	工单级别	正确选择工单级别	工单级别选择错误	4
致命性错误	服务规范	1.4	信息保密		1. 透露热线规章,如热线制度、规则或人员信息、办结报告内容、明确不可告知的信息等 2. 透露敏感信息,如泄露公共社会安全事件等敏感信息 3. 身份核实不严谨,如重复来电、未对客户身份进行核实或核实不完整、主动报出客户信息进行核实等	否决性指标,整通电话为0分
	服务技能	2.5	服务态度		1. 使用负面、消极等的服务语言,应对话语不恰当 2. 服务行为失当,如诉求处理消极、过于官腔;主动挂断电话;诉求未陈述完时,擅自转接IVR满意度测评;对客户提出的诉求,未从业务途径告知处理及解决方式(传递的信息为个人想法)等 3. 服务态度失当,如态度生硬、冷漠、不耐烦,辱骂、指责、评论客户,与客户争辩等	否决性指标,整通电话为0分
	业务能力	3.4	关键信息询问确认		1. 漏问工单要素或未确认业务要点 2. 非重复来电,沿用前工单的诉求人信息(诉求人姓名、诉求电话)作为本次来电客户的身份 3. 未询问座机是否有分机,导致再次联系客户时联系不到	否决性指标,整通电话为0分
		3.5	诉求解答		1. 提供错误的政策及信息 2. 电话转接处理错误,如错误地转接非转接范围内的事项等 3. 关键信息没有完整提供 4. 答复要点内容告知错误,以及未告知或未完整、规范地告知答复要点 5. 随意附和或认可市民讲述的不合理内容或无理的行为	
	工单记录与派发	4.6	来电类别	正确选择来电类别		见备注
		4.7	诉求人信息		1. 诉求联系人姓名未填写、未填全或填写错误(争取后,客户不愿提供的除外) 2. 诉求人性别填写错误 3. 诉求人联系电话未填全或填写错误 4. 诉求地址未填写或填写错误 5. 未进行信息保密处理或信息保密处理不正确	
		4.8	诉求内容(要求)		1. 漏记或错记事件内容、工单要素、关键诉求信息、诉求要求等 2. 诉求内容中记录了与工单派发方向无关的信息	

续表

错误类型	评估类型	评估项目		合格	不合格	得分
致命性错误	工单记录与派发	4.9	线上处理记录	1. 处理描述中的内容与实际告知的内容、处理方式完全不一样 2. 处理描述中未记录关键的信息		见备注
		4.10	工单派发	1. 应该派单未派单 2. 未遵循"一事一单"的派单规则 3. 派单方向、催单方向错误 4. 派发了不应派的工单，如在线告知方式与处理方式不一致等情况 5. 催错诉求工单 6. 非本人重复来电，工单操作不正确		

5.3.1　业务分类

通话质量评估业务一般分为流程规范和业务知识两类。流程规范强调在标准化过程中的完整程度，例如完成单次语音或者在线服务必经的服务环节、提醒环节、安全保障环节、营销环节等；业务知识则与内容准确度、完整度和客户接受度、理解度相关，非常典型的场景就是服务咨询环节能够准确、完整地解答服务对象的问题，并且服务对象表示完全接受或理解，或者在服务业务办理的过程中，业务娴熟，内容无误，无遗漏。

【示例】通话质量评估业务分类(见表5.4)

表5.4　通话质量评估业务分类

考核大项	检测项	服务标准	诠释
业务分类	流程规范	按服务流程或业务操作规范执行，包括但不限于：清晰记录客户咨询问题，根据客户问题选择对应标记等	包括但不限于： 1. 常规问题未按已有流程处理，凭经验或猜测先给予客户解答/结论 2. 错误转接其他部门(该由客服中心解答的问题，但错误告知咨询其他客服中心等) 3. 客户已明确表明咨询问题，但座席仍然错误/未完整记录 4. 承诺未履行，对于无法及时回复客户的问题需要核实后再做回复的，座席应在收到回复后的×个工作日内进行回复(如有其他约定应遵从约定)

续表

考核大项	检测项	服务标准	诠释
业务分类	业务知识	交互过程快速、准确地理解客户问题，解答思路清晰，根据客户问题利用已有政策、系统有针对性地提供正确、有效的解答或解决客户问题	包括但不限于： 1. 交互过程中，不理解客户诉求或未准确定位客户实际问题，给出错误解答或未正面解答客户问题 2. 交互过程中，针对客户问题，未经核查凭经验猜测性给出错误解答 3. 自身业务知识掌握不足，交互过程中未能根据客户问题提供正确解答/有效引导 4. 交互过程中已定位到客户问题，却因自身业务能力不足未能提供有效解答/解决客户问题 5. 交互过程中，因业务知识不熟悉导致解答有误，在客户质疑的情况下纠正解答 6. 交互过程中，遗漏解答客户问题，导致客户问题未能全面得到解决

▶▶▶ **练习题**

1. 请写出质检考评中涉及服务流程的基本内容与步骤。

2. 如果一通语音电话中，服务对象三次提出同一个业务疑问，则说明质检考评体系中哪个条目出了问题？

3. 如果一通语音电话中，呼叫中心服务员已经完整完成客户咨询经销商地址的问询工作，在结尾表达感谢后进行了挂机动作，但未提醒试驾需要戴上驾驶证，这样的服务行为需要在质检评估中进行扣分，为什么；如果需要扣分，应当在哪个维度的条目中体现？

5.3.2　感受分类

通话质量评估一般分为服务礼仪和服务意识两类。服务礼仪强调在专业服务领域的通用词汇和表达呈现需要契合普世性需求，例如规避禁忌用词、完整的开头语和结束语表达、口头语控制，以及避免流露反问、疑问等不良语气；服务意识的内容则较为广泛，也是目前不同呼叫中心运营机构差异性较大的部分，其中条目定义的侧重点包括服务意识和服务技能表达，一般来说服务意识先行，但是最终的服务行为也就是技能应用呈现不佳，也会影响在这个维度的扣分和最终判定情况，常见的考评点有主动服务、耐心倾听、多次不同的引导或者安抚表达、话术运用准确、抢话及打断客户说话等。

【示例】通话质量评估感受分类(见表5.5)

表5.5　通话质量评估感受分类

考核大项	检测项	服务标准	诠释
服务规范性	服务礼仪	按《服务用语规范》表达开头语、服务用语、结束语等	包括但不限于: 1. 电话接通及交互过程中未按标准完整表达开头语、等待用语、结束语等 2. 交互过程中未主动询问客户姓氏或索要客户姓氏后未带姓氏礼貌称呼的(不含客户提供姓氏后，与其确认姓氏，如张先生/女士是吧/请问是杨先生/女士吗) 3. 交互过程中出现服务禁语(包括但不限于我帮不了您/如果您不认可/我刚才已经和您说过了/我刚才已经说过很多遍等) 4. 交互过程中语言组织过于白话、随意、不专业(包括但不限于可能、也许、大概、好像、应该等，如无法及时答复需要进一步核实，可告知客户，您的问题我需要进一步去核实，有结果后会在×个工作日内给您回复，感谢您的理解与支持)
	服务意识	1. 交互过程中，语气、语调亲切舒适，应答饱满，态度热情、亲切，耐心周到，专注于为客户提供服务 2. 在客户情绪激动或不满的情况下，能够保持心态平和且能够有技巧地安抚和稳定客户的情绪 3. 客户需求无法满足时，能够主动、委婉地拒绝及安抚	1. 沟通中出现不恰当的语气词或口头语，例如喂/呀/吗/呃/哟/哎/拜拜/OK等 2. 沟通中出现责问、反问、轻视客户等用语(如我知道你现在很不耐烦/你能不能有点耐心/你着什么急/刚才不是和您说过了吗/您是听不懂吗/这个意思您了解了吗/我也不知道/这个我怎么知道等) 3. 在未征得客户同意的情况下，抢话、打断客户说话、不理会客户说话(如座席解答客户问题的过程中，客户突然抢话，此时座席应先暂停并让客户先描述/诉说问题，同时与客户进行交谈) 4. 进线前/通话过程中/让其等待时出现打哈欠、交谈与工作无关的内容等态度懒散的行为 5. 服务过程中主动性较弱，故意或非故意地出现被动服务，消极服务，包括但不限于一问一答，针对客户问题单点回复，对潜在的问题未主动进行解答 6. 客户有抱怨/不满情绪时，如你们这个电话怎么这么难打，打了1个小时才接通/你们的工作人员怎么回事，问个问题老是说不清楚等，未主动进行安抚 7. 服务过程中对客户未及时、有效地回应或冷场时长大于20秒 (1) 电话接入后客户"喂"了几声后仍未应答(2次以上) (2) 在电话受理过程中，客户问题描述结束后，未在3秒内及时响应用户问题 (3) 通话过程中客户抱怨/表达诉求等结束后，座席沉默无回应时长大于10秒的情况视为冷场(若是帮客户核实问题，让其稍等及特殊情况已征得同意则此项不考核) 8. 急于挂机，结束通话前未询问是否还有其他问题/业务需要咨询

▶▶▶ **练习题**

1. 请写出质检考评中涉及主动服务的考评条目。

2. 如果一通语音电话中，服务对象两次提出"你能不能说慢点"，则说明质检考评体系中哪个条目出了问题。

3. 如果一通语音电话中，因为对方信号不佳，导致呼叫中心服务员一样的内容回复了5次，在第六次发生的时候，呼叫中心服务员表达："先生，我刚刚已经回答5次了！"这样的服务行为需要在质检评估中扣分，为什么；如果需要扣分，应当在哪个维度的条目中体现？请提出改进建议。

第6章 呼叫中心服务员的在职培训

6.1 培训形式及改进策略

作为现代服务业的重要组成部分，呼叫中心的服务质量直接影响企业声誉与客户满意度。因此，提升呼叫中心服务员岗位从业者的专业素质与综合能力至关重要。在职培训作为能力提升与团队建设的关键手段，在呼叫中心运营过程中发挥着不可替代的作用，其重要性主要体现在以下四个方面。

(1) 提升服务能力与专业水平。呼叫中心服务员岗位从业者的专业能力是客户满意度与忠诚度的决定性因素。通过系统化的在职培训，服务人员能够掌握更高效的服务技巧、更全面的业务知识，从而提升服务品质，更好地满足客户的多元化需求。

(2) 强化组织文化认同与目标共识。在职培训不仅是技能提升的平台，更是传递组织文化、塑造核心价值观的重要途径。通过培训，呼叫中心服务员岗位从业者能够深入理解企业的使命与愿景，增强对组织的认同感与归属感，从而更好地践行企业理念。

(3) 增强团队协作与凝聚力。在职培训中的团队建设活动为呼叫中心服务员岗位从业者提供了沟通与协作的机会，有助于增进彼此了解、建立信任关系，从而提升团队凝聚力与整体效能，为高质量服务提供有力支撑。

(4) 持续满足客户需求，提升服务满意度。面对市场环境与客户需求的快速变化，呼叫中心服务员岗位从业者需要通过持续学习来适应新的服务要求。在职培训能够帮助呼叫中心服务员岗位从业者及时掌握市场动态与客户期望，不断提升服务能力，以更高效、更精准的方式满足客户需求，最终实现服务满意度的持续提升。

综上所述，呼叫中心运营机构的在职培训是针对呼叫中心服务员岗位从业者开展的系统性能力提升计划，涵盖服务技能、业务知识、文化认同等多个维度。其核心目标是通过持续赋能，帮助呼叫中心服务员岗位从业者提升专业能力、深化文化认同、增强团队协作，从而更好地满足客户需求，推动服务质量的全面提升。

6.1.1　培训形式

1. 专题培训

专题培训内容包括产品、流程、政策调整和重大事项变化，新发布的规范性文件及相关问答，以及涉及面广、影响大的业务事项等。

2. 日常培训

日常培训是指在班前、班后会或专门的培训时间里讲解新增或更新的知识库内容，咨询中的新点、热点、难点问题，质量监控及工单中发现的问题，以及最新的政策、工作动态和要求。

3. 外派实习

分派呼叫中心服务员到呼叫中心话务中心以外的其他协作部门轮岗学习，熟悉产品或者业务执行层面的实务工作，加深对业务流转和政策落实方面的理解和把握。

4. 其他增值培训

一般在职呼叫中心服务员岗位从业者平均每人每月在职培训5~10小时，开展在职培训之前，应通过需求收集了解培训的方向和素材，例如通过新发布的产品和政策、数据分析情况、内部上报、质量监控等渠道反馈的内容。为了平衡工作和培训，充分提高培训的质量和效率，在职培训必须选择适当的时间和方式。培训计划的制订需要考虑时间、场地、课程设置、师资配备、准备工作要求、费用等要素。制订过程中，需要与各部门就相关培训内容充分沟通，培训计划编制完成后应提交相关部门负责人批准并发布。

服务技能是呼叫中心服务员的核心能力之一。在职培训中，应重点针对服务员的沟通技巧、倾听能力、问题解决能力等方面，通过模拟对话、角色扮演等方式进行实操训练，使服务员能够更好地掌握和应用这些技能。

(1) 业务知识培训：业务知识是呼叫中心服务员提供优质服务的基础。在职培训中，应根据服务员的岗位需求和业务特点，开展有针对性的业务知识培训。可以邀请业务专家进行授课，或者组织服务员参加业务培训和研讨会等活动，帮助服务员全面了解业务知识，并在实际工作中灵活运用。

(2) 团队建设和沟通协作培训：团队建设和沟通协作能力是呼叫中心服务员必不可少的能力。在职培训中，应重视团队建设和沟通协作的培训，通过团队建设活动、沟通技巧培训等方式，提升服务员的团队协作能力和沟通能力，促进团队成员之间的协作。

(3) 企业文化和价值观培训：企业文化和价值观是组织的灵魂与核心竞争力。在职培训中，应加强对企业文化和价值观的培训，使服务员更加深入地了解组织的文化和价值观，并将其融入日常工作中。可以通过组织文化讲座、价值观讨论等方式进行培训和引导。

需要特别注意的是，培训教师应对每一节课进行缜密的设计，一般包括以下项目：课题、教学目的、教学方法、时间分配、课件制作、相关录音、课后习题、复习考查等。按计划实施培训，如有特殊情况需要临时调整的，应做好部门及人员之间的衔接工作。培训完成后，可通过话务现场的系统机考或采用笔试与质量监控相结合的方式对咨询员的培训情况进行评估和考核。针对考评结果进行分析，提出改进要求。培训中和培训后定期收集多方反馈，及时发现问题，提出解决方案，以进一步完善培训工作。根据呼叫中心运营机构的实际情况，可以将参加培训的呼叫中心服务员岗位从业者的培训考评成绩与个人绩效评估及评优等挂钩。

培训资料是呼叫中心运营机构长期发展的重要生产素材，有计划地保存十分重要。需要保存的培训资料包括：一是参加培训的呼叫中心服务员的培训情况；二是培训课件，包括纸质材料和电子材料；三是内外部培训资源，即有一定水准的培训资料。

6.1.2　培训改进策略

为了加强在职培训的生产力变现效果，应当多方面考量和实施培训改进策略。

(1) 不断更新培训内容和方法。随着市场的不断变化和客户需求的日益多样化，呼叫中心服务员需要不断学习和适应新的服务要求。因此，在职培训的内容和方法也需要不断更新和改进，以满足服务员的成长和发展需求。

(2) 加强团队建设和沟通协作能力。团队建设和沟通协作能力是呼叫中心服务员不可或缺的能力。因此，在职培训中，应重视团队建设和沟通协作能力的培训，并加强团队建设活动和沟通技巧的培训，以提升服务员的团队协作能力和沟通能力。

(3) 建立完善的激励机制和晋升机制。建立完善的激励机制和晋升机制可以激发服务员的积极性和工作热情。可以设立优秀员工奖、业务能手奖等奖项对表现优秀的服务员进行表彰和奖励；同时建立完善的晋升机制，为服务员提供更多的晋升机会和发展空间，使其能够更好地实现个人价值和达成发展目标。

(4) 加强与员工的沟通和交流。与员工进行及时、有效的沟通和交流是提升在职培训效果的重要途径。可以通过问卷调查、座谈会等方式收集员工的意见和建议，并及时回应和解决问题；同时加强与员工的沟通和交流，帮助其更好地了解组织的文化和目标，增强对组织的认同感和归属感。

▶▶▶ **练习题**

1. 请思考如何激发呼叫中心服务员岗位从业者参与在职培训的意愿。

2. 请思考呼叫中心服务员岗位从业者在参与轮岗和外部学习时应该注意哪些方面。

3. 请思考除了呼叫中心运营机构日常业务所需要的常规培训内容，如流程、产品信息、服务技巧、政策法规等，还有哪些增值培训也对呼叫中心服务员岗位从业者有着积极的提升作用。

6.2　在职培训师资管理

呼叫中心运营机构根据业务发展情况匹配的内部培训师一般是有转岗意愿的一线业务呼叫中心服务员岗位从业者自愿报名和内部推荐进行选拔的，部分机构会聘用同行业有相关培训经验的人员担任内部培训师的角色。

6.2.1　选拔程序

1. 初试

对报名专职培训师的人员进行条件审核，具体标准如下：

(1) 当年内平均每月KPI评分为×分；

(2) 当年内无违纪情况(严重违纪则直接取消参与资格)的人员；

(3) 当年内无有理由投诉成立的人员。

2. 复试

由培训部门负责对符合条件的人员进行逐一的面试和甄选。

(1) 参加笔试测验，达成(目标)分值以上合格。

(2) 课程试讲，从准备的课题中随机选择一门进行授课，面试官根据候选人的实际表现进行打分，达成(目标)分值以上合格。

(3) 评选人员为呼叫中心运营机构管理团队的成员，本次授课将视为最终的认证考核。

(4) 认证考核内容。

● 专职培训师：主要对课程讲解的逻辑性、内容完整性、整体台风及内容是否正确进行多方面综合评分。

● 组长：主要对所传递的知识是否简单易懂，能否对提出的疑问正确解答等方面进行评分。

● 领导：主要对候选人台风、仪容仪表等进行整体打分。

取各项成绩的平均分，达成(目标)分值以上为合格，按分值从高到低进行排序，选出项目需求人员。

3. 结果公示

选拔结束后，将合格人员名单反馈至呼叫中心运营中心负责人处，于当周对最终入选人员名单进行公示，并明确入选人员到新岗位的时间。

4. 试岗阶段

选拔合格人员一般会进行为期3个月的培训及试岗，同时由业务培训组安排专人负责带教，如期间不适岗可提前终止试岗。

(1) 带教形式。由现任培训师实施一对一带教，通过相关课程及内容的带教和培养，帮助试岗人员顺利过渡，达到岗位要求及标准。

(2) 带教内容如下。

- 对录音进行抽听，通过录音发现员工问题并汇总，便于考查业务知识掌握及分析能力，每周不低于3次，每次时长不低于1小时。
- 根据客服中心KPI考核制度，合理分配接线时间，每月接线量不低于100通，以便巩固业务知识。
- 授课技巧及课程学习，每周至少安排1次试讲(内容不限)，通过试讲发现并帮助试岗人员提高授课技巧和授课能力。
- 通过平时的积累及业务测试的考核，对薄弱环节进行补充和梳理，及时与带教老师沟通、讨论，保障授课质量及标准。
- 通过课件制作、报表整理等，帮助试岗人员提升办公软件应用技能，保障后期授课过程中各项报表与教案工作的完成。

5. 试岗考核

为试岗人员安排3个月的试岗时间，同时在试岗期间根据相应考核标准及内容评定该试岗人员是否适合该岗位。转岗考试合格者，人事部门将对最终结果进行公示，公示期满后，正式转岗。

6.2.2　专职培训师职责

按照前期培训计划开展授课，课程完成后，按要求将授课时长、课程内容等编制成相应报表，以备核查。专职培训师应当做到:

- 教案内容符合客服中心业务标准及流程;
- 教案内容应具备时效性;

- 教案内容应具备实用性；
- 需要按照统一模板制作教案；
- 对课程或培训方法等提出合理化建议；
- 优化课件，如遇到新增、变更等情况，应及时做出修改，并做好相应记录。

6.2.3　培养机制

专职培训师入职后，从次月开始参加为期两个阶段的培训，并通过授课技巧及授课思路等课程的培训，顺利完成角色转换，承担相应的课程授课工作。

第一阶段为入门阶段，为期1个月，主要内容有：

- 培训前期准备，帮助培训师了解培训前需要准备哪些资料；
- 基本授课技巧类，帮助培训师理解培训的意义，学习培训师的基本礼仪；
- 基本办公软件学习，帮助培训师整理相关培训数据。

通常培训频率为每周一次，完成该阶段培训后，将安排培训师进行课程试讲。

第二阶段为进阶阶段，为期1个月，开展基础课程学习，此阶段重在转换培训师的心态及提升授课中的沟通技巧，故此阶段的学习内容包括但不限于录音赏析、服务技巧应用辅导、场景策划和脚本撰写等。上述课程培训频率为每周一次，完成该阶段的培训后，将安排培训师进行课程试讲，由资深的培训师对本次试讲课程进行综合评分，要求综合分数应基本合格。

培训师顺利完成培养阶段的学习后，先由培训组结合日常学习情况进行初步评估，合格后将安排进行下一阶段的认证考核。

6.2.4　认证考核机制

对于顺利完成系列培训课程的培训师，将为其安排一次正式授课，评选人员包括前台主管、组长、后台主管和培训师。本次授课将视为最终的认证考核。

【示例】培训人员试讲评估表(见表6.1)

表6.1　培训人员试讲评估表示例

试讲人：　　　　　　　　　　　　　　　　　　　　　　　　最终得分：

序号	培训技巧(评委评分)	占比	评分				
			5	4	3	2	1
1	课程内容准确无误，表达流畅，内容生动	60%					

续表

序号	培训技巧(评委评分)	占比	评分				
			5	4	3	2	1
2	适时地运用肢体语言						
3	采用合适的语音、语调等提升培训感染力						
4	巧妙运用幽默感	60%					
5	通过有技巧地提问，了解员工的接受程度						
6	有效地控制、调节现场的气氛和节奏						

序号	整体效果(评委评分)	占比	评分				
			5	4	3	2	1
1	培训中你是否感受到了专业和热情						
2	讲解是否深入浅出，使你对内容有清晰的了解	40%					
3	整体上你对这次培训是否满意						

整体评价(请针对候选人的整场表现，提出宝贵的评价或建议)	

注：请在对应的分数后打√，5 分表示非常满意，4 分表示满意，3 分表示一般，2 分表示比较不满意，1 分表示不满意。如果选择不满意，则请简单说明

认证考核内容及标准考核内容分两部分(培训技巧和整体效果)，评委分别对各项评判进行逐一打分，并进行综合评定。

资深培训师：主要对课程讲解逻辑性、内容完整性、整体台风及知识内容的正确性进行多方面内容综合评分。

组长：主要对培训师所传递的知识是否简单易懂，能否解答提出的疑问进行评分。

如果培训师综合评定分数低于基本合格分，后续则根据本人意愿进行再次辅导或放弃培训师授课资格。如果培训师不符合岗位要求(知识掌握不扎实、理论及概念不清)或主动放弃该岗位，则视为不适合该岗位，继续回原岗位从事对应工作。

6.2.5　培训师激励机制

为鼓励更多优秀的呼叫中心服务员岗位从业者将自己的所长展示出来，将宝贵的经验及优秀的服务理念传播出去，提升呼叫中心运营机构综合服务质量，应当针对培训师设置相关奖励机制，奖励机制适用于通过认证考核并顺利授课的所有培训讲师。

　　奖励周期以月为单位，按照当月授课时数及培训评估情况进行相应激励。按照在职培训及新员工培训两部分内容的具体授课课时数及评估分数给予相应激励。具体标准示例如下。

- 工时以小时为单位进行计算(可累计)，计算周期以自然月为单位。
- 培训师担任新员课程讲师，以传授通识业务为主。要求培训师能够独立完成课程授课，课程知识点覆盖全员，同时通过有效互动及案例讲解，提升学员学习积极性。
- 考虑到新晋讲师有本职工作，故在不影响其本职工作的情况下，安排每周1至2次授课，每月应不低于3课时。
- 培训师每次授课结束后，由参训人员针对该次课程的授课技巧、课程完整程度、课件制作清晰程度及互动情况等进行综合评分，最终得分应不低于基础合格分。
- 如当月按计划完成授课课时，同时课程评估综合分数达到标准分值(目标分)，则按照课时发放奖励。如遇其他情况需要增加授课时长，整体则按照实际授课课时进行奖励。

▶▶▶ **练习题**

　　1.请思考如何激发呼叫中心服务员岗位从业者竞聘内部培训师的意愿。

　　2.请思考呼叫中心服务员岗位从业者完成内部培训师的转岗后，以全新的角色面对日常工作时，可能会遇到哪些问题，应当如何尝试解决。

　　3.请尝试写出内部培训师日常开发培训课程的基本步骤。

6.3　呼叫中心服务员的团队融合与持续发展

　　团队融合促进了成员之间的有效沟通。在呼叫中心，面对复杂的客户需求和多变的工作环境，团队成员之间的紧密协作显得尤为重要，能够增强成员间的信任感，使得沟通顺畅。在协作过程中，团队成员能够优势互补，共同应对挑战，从而提升整个团队的工作效率和响应速度。可以明显发现，当呼叫中心服务员团队紧密融合，他们会更加认同企业的文化和价值观，从而在工作中自觉遵循统一的服务标准和流程。这种一致性不仅有助于提升客户体验，还能增强企业的品牌形象。客户在与企业交互时，能够感受到专业、统一且高效的服务，从而增强对企业的信任和忠诚度。此外，团队融合还有助于提升服务员的情绪管理能力和同理心。在呼叫中心，服务员往往需要面对各种带情绪的客户，这对服务员的情绪管理能力提出了很高的要求。和谐的团队氛围能够让服务员感受到归属感和支持，从而更加从容地应对客户的情绪挑战。同时，团队内的分享与交流也能让员工更好地理解和感受客户的情绪与需求，提升服务质量和客户满意度。

6.3.1　班组文化

建立班组文化，打造班组归属感，针对新加入呼叫中心运营机构的呼叫中心服务员岗位从业者进行个体识别，采用差异化引导方法，建立一套让整个运营现场充满向心力的座席干预和帮扶计划(见表6.2)，让新座席更快融入团队，在业务能力上和服务文化归属感上得到显著提升。通过长期实践，可以看到新员工在正式加入呼叫中心运营机构参与现场接线工作初期，是否能实现思想融入、认知融入、形式融入都会直接影响其稳定程度、业务成长及思想统一性。

表6.2　新员工入职初期帮扶计划

时间阶段	角色	内容	输出
进组第一日	直线	1. 欢迎加入本组，自我介绍 2. 本组详情，介绍组内成员、擅长点、求助对象、突发情况求助 3. 数据和质量解读 4. 后续安排	新员工完成入职登记，管理者完成访谈备案
进组一周	直线	1. 现有数据解读(对照普遍水平) 2. 改进计划 3. 工作安抚 4. 交流工作体验	管理者完成访谈备案
进组两周	直线	1. 现有数据解读(对照普遍水平) 2. 改进计划 3. 工作体验交流 4. 聘用情况说明	共同讨论，完成后续改进计划
进组三周内(机动非正式)	中层	1. 表达对员工的欢迎，自我介绍 2. 交流工作体验	视情况记录备案
转正前	直线	1. 现有数据解读(对照普遍水平) 2. 继续提升计划、未来发展，以及将体验到的公司活动、文化和培训 3. 交流工作体验	管理者完成访谈备案
淘汰前	直线	1. 现有数据解读和既有问题(对照普遍水平) 2. 工作体验交流和情绪安抚 3. 后续安排 4. 如果再给一次机会，则说明详情	管理者完成访谈备案

对于新员工，班长可以从以下几个方面提供帮助。

(1) 入职首日欢迎与介绍：

- 班长应在新员工进组首日亲自表达欢迎，并简要介绍自己在中心的工作情况。
- 说明组内成员架构和分布情况，包括新老员工的比例、常见的相聚机会和安排等。
- 提供三位可求助对象(业务熟练、熟悉中心情况、擅长解决疑难问题)。
- 说明自身可能的忙碌情况及替代建议，并告知在工作期间遇到特殊情况时的应对办法。

(2) 绩效指标与质检要点说明：

- 班长应详细解释核心绩效指标的计算方式和质检要点。
- 提及在随后的工作实践中，将如何通过具体的时间和计划帮助新员工顺利达标并转正。

(3) 工作一周后的绩效对照与提升计划：

- 在工作一周后，班长应与新员工对照此前列出的核心绩效指标，说明同期新员工、历史新人及成熟员工的平均表现。
- 确保员工了解自身差距和短板，并制订专项提升计划，适时给予鼓励。

(4) 共情与问题分析：

- 当员工出现沮丧情绪时，班长应给予共情，分享自己或优秀员工的成长经历和困扰。
- 了解员工印象深刻的问题或事件，分析问题集，帮助其找到解决方案。

(5) 工作半个月后的转正评估：

- 工作半个月后，班长应明确告知新员工与顺利转正的差距和过程中的风险点，并制定重点改进办法。

(6) 直属主管的动态交流：

- 在新员工加入团队的两周内，其直属主管应主动走到新员工身边，送上一杯饮品，进行至少一次动态交流。
- 表达对新员工的欢迎，自我介绍，并了解员工的工作体验、受到的帮助以及最困扰的问题。

(7) 转正评估与职业发展展望：

- 员工即将转正时，班长应正式告知员工的表现和成绩如何达到转正标准，并提出继续提升的建议和职业晋升空间的展望。
- 简要介绍正式员工将享受的福利和公司大事。
- 对于面临辞退的员工，需要说明差距与后续计划，表达遗憾和感谢。

6.3.2　持续学习

根据呼叫中心服务员岗位胜任力模型的发展需求，制订并实施完善的长期学习计划是至关重要的。在夯实业务基础的同时，持续提升综合素质和进行多维度技能训练，是成为一名优秀呼叫中心服务员的职业发展核心要素。呼叫中心服务员应明确未来的岗位发展方向，学习每个职能岗位所需的技能，并通过相应的培训与考核，更好地提升服务对象的满意度，为呼叫中心运营机构创造更大的价值，同时为个人的长期职业发展提供有力支持。

无论处于职业生涯的哪个阶段或岗位，呼叫中心服务员都应始终遵循行业的服务使命，紧密结合现代服务业的发展趋势，学习与岗位相匹配的能力训练课程。从一线基础服务到多技能营销岗位，再到复合型能力岗位(如质检、培训、排班分析)，以及更高级的管理岗位，都需要根据具体的工作要求和输出目标，学习相应的知识与技能。通过系统化的学习和实践，呼叫中心服务员应不断提升自身能力，适应岗位需求，实现个人与组织的共同成长。

▶▶▶ **练习题**

1. 请思考一名从事单一服务满意度回访的呼叫中心服务员岗位从业者开始转为信用卡客户服务专员，其需要承接服务和营销工作，在上岗前需要学习哪些技能？

2. 请思考人工智能训练师对于呼叫中心服务员岗位从业者而言，有什么学习意义和未来实践场景？

3. 请思考数据分析课程对呼叫中心运营机构的哪些工作岗位是非常关键和重要的学习专题？

6.3.3　职业发展

呼叫中心运营机构为呼叫中心岗位从业者们设计职业发展路径，是组织发展与个人成长的重要交汇点。它不仅关系到企业的运营效率和竞争力，也深刻影响着每一位从业者的职业满意度和成长动力。一份深思熟虑并具有行业前瞻性的职业发展路径对呼叫中心岗位从业者们的岗位归属感和职业信心有着深远意义，这将给呼叫中心运营机构带来多方面的重要意义和影响。

(1) 提升员工满意度和忠诚度。为呼叫中心服务员岗位从业者设计明确的职业发展路径，让他们清晰地看到自己在企业中的成长空间和未来方向。这种明确的职业规划和期望，能够极大地提升员工的满意度和忠诚度，减少人员流失率，为企业营造稳定的运营环境。

(2) 增强企业竞争力。拥有明确职业发展路径的呼叫中心服务员岗位从业者，能够更加专注于自身能力的提升和专业技能的积累。随着员工技能的提升和经验的积累，企业的服务质量和客户满意度也将随之提升，从而增强企业的竞争力。

(3) 促进组织健康发展。通过为从业者设计职业发展路径，企业能够更好地引导员工进行自我提升和职业规划，使员工的个人发展目标与企业的发展目标相契合。这种协同发展的模式能够促进组织的健康发展，提高企业的整体绩效。

(4) 吸引和留住优秀人才。有明确职业发展路径的呼叫中心岗位对优秀人才具有更强的吸引力。优秀的从业者往往更看重个人成长和发展空间，而明确的职业发展路径能够为他们提供这样的机会。因此，设计职业发展路径对于吸引和留住优秀人才具有重要意义。

1. 职业设计

设计呼叫中心岗位从业者职业发展路径时，应当从多方面进行考量。

(1) 岗位分析与评估。设计职业发展路径之前，呼叫中心运营机构需要对各个岗位进行深入的分析和评估，包括了解岗位的工作内容、职责要求、技能需求等方面的情况，以便为从业者设计合理的职业发展路径。通过对岗位的评估，还可以发现岗位工作中存在的问题和不足，为后续的改进提供依据。

(2) 员工能力评估与定位。在了解岗位情况的基础上，呼叫中心运营机构需要对从业者的能力进行评估和定位，包括了解从业者的专业技能、工作经验、性格特点等方面的情况，以便为他们设计符合个人特点的职业发展路径。通过能力评估与定位，企业可以更好地了解员工的优势和不足，为他们提供有针对性的培训和发展机会。

(3) 职业发展通道设计。在了解岗位和员工情况的基础上，呼叫中心运营机构需要设计合理的职业发展通道，包括明确各个岗位的晋升路径、晋升条件、晋升后的职责和待遇等方面的内容。职业发展通道应该具有多样性和灵活性，以满足不同从业者的需求。职业发展通道的设计还应该与企业的战略目标和业务需求相契合，以确保企业的整体发展。

(4) 培训与发展计划制订。为了支持从业者的职业发展，呼叫中心运营机构需要制订有效的培训与发展计划，包括为从业者提供必要的技能、知识、领导力等方面的培训。培训计划应该根据从业者的个人需求和职业发展路径来制订，以确保培训的有效性和针对性，还应该注重与业务实践的结合，让从业者在实践中学习和成长。

2. 职业激励

(1) 激励机制构建。为了激发从业者的积极性和创造力，呼叫中心运营机构需要构建有效的激励机制，包括制定合理的薪酬制度、提供丰富的福利待遇、设立明确的奖励机制等方面的内容。激励机制的构建应该与从业者的职业发展路径相衔接，让从业者感受到自己的付出和成长得到了应有的回报。同时，激励机制还应该注重公平性和透明度，以确保激励效果的最大化。

(2) 反馈与调整机制建立。在设计职业发展路径的过程中，呼叫中心运营机构需要建立有效的反馈与调整机制，包括定期收集从业者的反馈意见、对职业发展路径进行评估和调整等方面的内容。通过反馈与调整机制的建立，企业可以及时发现职业发展路径中存在的问题和不足，并采取相应的措施进行改进。这种持续改进的模式能够让职业发展路径更加符合从业者的需求和更加有助于实现企业的目标。

(3) 跨部门和跨领域合作。设计呼叫中心岗位从业者的职业发展路径时，还需要考虑跨部门与跨领域的合作。随着企业业务的不断发展和变化，呼叫中心从业者可能需要具备更广泛的知识和技能。因此，企业可以与其他部门或领域进行合作，为从业者提供跨部门和跨领域的培训与发展机会。这种合作不仅可以让从业者接触到更多的知识和信息，还可以培养他们的跨部门沟通和协作能力，为企业的整体发展做出贡献。

(4) 企业文化与价值观融入。在设计呼叫中心岗位从业者的职业发展路径时，还需要注重企业文化的融入和价值观的引导。企业文化和价值观是企业发展的灵魂和基石，对从业者的成长和发展具有重要意义。因此，在职业发展路径的设计中，应该注重传递和弘扬企业的文化和价值观，让从业者深入理解并认同企业的目标和理念，还可以通过设立榜样和先进人物等方式来激励从业者不断追求卓越和成长。

综上所述，通过岗位分析与评估、员工能力评估与定位、职业发展通道设计、培训与发展计划制订、激励机制构建、反馈与调整机制建立、跨部门和跨领域合作，以及企业文化与价值观融入等，呼叫中心运营机构可以为从业者提供明确的成长空间和发展机会，激发他们的积极性和创造力，提升企业的整体竞争力和运营效率。

纵观目前整个行业，呼叫中心运营机构契合现代服务业的发展目标，一直秉承从业者与行业共同成长进步的理念，为了激发呼叫中心服务员岗位从业者的主观能动性，呼叫中心运营机构大多也制定了较为明确的人员成长机制。

呼叫中心运营机构可按以下步骤设计员工成长路径并为员工成长提供支持与辅导：建立员工成长档案，记录员工各个阶段的岗位情况、参加的培训、培训成绩及绩效结果；管理人员根据员工的成长档案，阶段性地就员工个人职业发展生涯进行一对一沟通，并将沟通内容文档化留做参考。这一系列动作都是为员工设计多维度的职业发展路径提供基础参照，对员工予以层级化，为公平、公正、公开地激励提供信息保障。

基于呼叫中心运营机构的差异性行业背景和组织架构，一般会为员工设计横向、纵向、异动三个维度的职业发展路径。岗位晋升规则基于三个维度的职业发展路径，从多个方面进行晋升测评。

- 横向：特殊技能岗位，如质培专家、人管岗专员、排班师与数据分析专员、系统维护，以及回访专员转呼入专员(乃至以后的服务营销专员)。

- 纵向：管理岗位，如呼入/回访专家、呼入/回访组长、呼入/回访主管、绩效支持主管、业务支持主管、业务运营主管、客服中心主管等。
- 异动：异动到其他职能部门任职。

【示例】职业发展路径及考评(见表6.3)

表6.3　职业发展路径及考评示例

维度	成长路径	年限	绩效	能力或者培训获得	考试	多维度打分(5分)	面试
横向	质培专家	呼入/回访专员入职超过2年或主管推荐	全年绩效前20%	质检方向：质量控制与管理、客户服务的沟通与投诉艺术、冲突与差异化管理、超级营销术、服务营销、如何让客户买单(成交心理学)、卓越的服务意识；培训方向：高能培训技巧、客户服务的沟通与投诉艺术、冲突与差异化管理、超级营销术、服务营销、如何让客户买单(成交心理学)、卓越的服务意识	—	平均分3.5分以上	质检方向通过试听面试测评；培训方向通过试讲面试测评
	人管岗专员	入职超过2年或主管推荐(同时具有HR轮岗学习经验)	全年绩效前50%	招聘管理与技巧、文化建设、冲突与差异化管理	—	平均分3.8分以上	通过面试测评
	排班师与数据分析专员	入职超过3年或主管推荐	全年绩效前40%	基础数据分析、排班与预测信息、关键绩效与KPI管理	—	平均分3.5分以上	通过面试测评
	回访专员转呼入专员	入职超过1年或主管推荐	全年绩效前10%	呼入业务知识、卓越的服务意识、呼叫中心职业化素养、沟通技巧	—	平均分3.5分以上	通过面试测评
	服务营销专员	入职超过2年或主管推荐	全年绩效前30%	产品知识、超级营销术、服务营销、如何让客户买单(成交心理学)、卓越的服务意识	—	平均分3.5分以上	通过面试测评

续表

维度	成长路径	年限	绩效	能力或者培训获得	考试	多维度打分（5分）	面试
纵向	呼入／回访专家	呼入/回访专员入职超过1年或主管推荐	全年绩效前20%	卓越的服务意识、沟通与投诉艺术、服务营销	—	平均分3.5分以上	通过面试测评
	呼入／回访组长	呼入/回访专员入职超过2年、呼入/回访专家任职超过半年或主管推荐	全年绩效前30%	现场管理、员工辅导带教	通过人才库考试测评	平均分3.5分以上	通过面试测评
	呼入／回访主管	呼入/回访组长任职超过2年或主管推荐	公司绩效对应	呼叫中心运营管理、冲突与差异化管理、高绩效团队管理、高效的数字化办公	通过人才库考试测评	平均分3.8分以上	通过面试测评
	绩效支持主管	入职超过2年或主管推荐、从事一线业务超过1年	公司绩效对应	质量管理与控制、培训体系搭建与管理、差异化沟通、高效的数字化办公、高绩效团队管理	通过人才库考试测评	平均分3.8分以上	通过面试测评
	业务支持主管	入职超过3年或主管推荐、从事一线业务超过1年	公司绩效对应	流程管理与控制、ACE高级认证分析师、呼叫中心运营与管理、时间与能量管理、呼叫中心关键绩效与KPI管理	通过人才库考试测评	平均分3.8分以上	通过面试测评
	业务运营主管	入职超过3年或主管推荐、从事一线业务超过2年	公司绩效对应	ACE高级认证分析师、呼叫中心运营与管理、时间与能量管理、呼叫中心关键绩效与KPI管理培训	通过人才库考试测评	平均分3.8分以上	通过面试测评
	客服中心主管	企业定义					
异动	基于员工能力，外部门考核通过后以及经客服中心审核同意，员工可以异动到其他职能部门任职						

▶▶ 练习题

1. 请思考除了薪酬增加和职位晋升，还有哪些因素可以促进呼叫中心服务员岗位从业者在职业发展路径中的主观能动性。

2. 请以两年为周期，设计一名呼叫中心服务员岗位从业者从新员工发展到班组长的职业发展路径。

3. 请畅想在未来的呼叫中心运营机构中，除了现有的岗位配置，还可能存在哪些岗位？

第7章　教学回顾与岗位寄语

在这个日新月异、信息爆炸的时代，呼叫中心作为现代服务业的一个重要组成部分，其重要性不言而喻。呼叫中心是企业形象的展示窗口。每一位在呼叫中心工作的服务员，都是企业形象的守护者，每一次接听、每一次解答，都直接影响客户对企业的印象和信任度。呼叫中心是现代服务业的重要一环，它不仅仅是处理客户咨询、投诉和建议的部门，更是企业与客户建立长期关系的纽带。在这个部门，每一次的电话交流、每一次的问题解决，都是企业形象和服务质量的直接体现。因此，呼叫中心服务员的专业素养和服务技能至关重要。然而，呼叫中心的工作也面临诸多挑战。客户的需求日益多样化，对服务的要求也越来越高。随着科技的发展，呼叫中心也需要不断引入新的技术和工具，以提高服务效率和质量，同时要求呼叫中心服务员岗位从业者不仅要有扎实的专业知识，还要具备良好的沟通能力和应变能力。

本章，我们一同走进呼叫中心的世界，探讨如何以更高的职业素养、更专业的服务技能，迎接挑战，书写服务之春的华章。希望本章的内容能够唤起每一位呼叫中心服务员岗位从业者心底的职业热忱和服务使命感。

7.1　职业素养与职业道德：构筑服务之魂

在呼叫中心这个特殊的工作环境中，服务员不仅是企业与客户之间的桥梁，更是企业文化的传递者和形象的代表。他们的职业素养与职业道德，直接关系客户的满意度和企业的声誉。因此，对于呼叫中心服务员来说，职业素养与职业道德的培养是职业发展的重中之重，是构筑优质服务的灵魂所在。

7.1.1　职业素养

(1) **专业知识与技能**：呼叫中心服务员需要具备扎实的专业知识，包括产品知识、服务流程、沟通技巧等。只有充分了解自己所服务的产品和企业，才能更准确地解答客户的疑问，提供满意的服务。同时，良好的沟通技巧也是必不可少的，它能帮助服务员更好地理解客户需求，减少误解和冲突。

(2) **高效的工作能力**：呼叫中心的工作节奏比较快，要求服务员能够快速、准确地处理各种客户问题。因此，高效的工作能力是呼叫中心服务员的必备素养，包括快速响应、准确记录、及时反馈等，以确保客户问题能够得到及时解决。

(3) **良好的团队协作能力**：呼叫中心是一个高度依赖团队合作的环境，每个服务员都是团队中的一员。因此，良好的团队协作能力也是职业素养的重要组成部分。服务员需要学会与同事分享经验、互相帮助，共同面对和解决工作中的挑战。

7.1.2　职业道德

职业道德是从业人员在职业活动中应遵循的行为准则和规范。对于呼叫中心服务员来说，职业道德直接影响服务表现和社会美誉度。

(1) **真诚对待客户**：呼叫中心服务员需要以真诚的态度对待每一位客户，无论客户问题的难易程度，都要给予同样的重视和关注。真诚的态度能够让客户感受到企业的诚意和尊重，从而增强客户对企业的信任感。

(2) **高度的社会责任感**：呼叫中心服务员作为企业形象的代表，需要时刻保持高度的社会责任感。在处理客户问题时，要始终以客户利益为重，积极履行企业的社会责任，维护企业的良好形象。

(3) **保护客户隐私**：在呼叫中心，服务员会接触到大量客户的个人信息。保护客户隐私是职业道德的重要要求。服务员需要严格遵守企业的保密规定，确保客户信息的安全和保密。

7.1.3　实践意义

在现代服务业中，呼叫中心服务员的职业素养与职业道德不仅关系到个人的职业发展，更关系到企业的长远利益和客户的切身利益。具体来说，其实践意义体现在以下几个方面。

(1) **提升服务质量**：具备高水平职业素养和职业道德的呼叫中心服务员能够提供更优质、更专业的服务，从而提升客户的满意度和忠诚度。这有助于企业在激烈的市场竞争中脱颖而出，赢得客户的信任和支持。

(2) **塑造企业形象**：呼叫中心服务员是企业文化的传递者和形象的代表，其职业素养和职业道德直接影响客户对企业的印象和评价。因此，培养具备高水平职业素养和职业道德的服务员对于塑造企业形象至关重要。

(3) **促进企业与客户共赢**：优秀的呼叫中心服务员能够准确把握客户需求，提供个性化的解决方案，从而实现企业与客户的共赢。这种共赢关系不仅有助于提升企业的业绩和市场份额，还能为客户创造更大的价值。

7.1.4　提升路径

为了提升呼叫中心服务员的职业素养与职业道德水平，企业和个人可以从多个方面入手，开发切实有效的工作形式，助力整体服务水平的高质量发展。

(1) **加强培训与教育**：企业应定期组织针对呼叫中心服务员的培训活动，包括专业知识培训、沟通技巧培训、职业道德教育等内容。通过系统的培训和教育，帮助服务员提升专业素养和道德意识。

(2) **建立激励机制**：企业应建立完善的激励机制，对表现优秀的呼叫中心服务员给予适当的奖励并提供晋升机会。这不仅能激发服务员的工作热情和积极性，还能引导他们更加注重职业素养和职业道德的提升。

(3) **自我学习与反思**：呼叫中心服务员应时刻保持学习的态度，不断汲取新知识、新技能。同时，定期对自己的工作进行反思和总结，找出不足之处并加以改进。通过自我学习与反思，不断提升自身的职业素养和职业道德水平。

职业素养与职业道德是呼叫中心服务员的立身之本和发展之基。只有具备了高水平的职业素养和职业道德，才能在这个竞争激烈的市场环境中脱颖而出，为客户提供更优质的服务体验。因此，无论是企业还是个人，都应重视职业素养与职业道德的培养和提升工作，共同构筑服务的灵魂。在现代服务业中，呼叫中心服务员应以客户为中心，不断提升服务质量，实现企业与客户的共赢，为行业的持续发展和企业的长远利益贡献力量。

7.2　呼叫中心基础知识：夯实服务之基

呼叫中心作为服务行业的重要组成部分，其存在与发展对于提升企业形象、优化客户体验具有举足轻重的意义。在快速变化的市场环境中，呼叫中心不仅需要面对客户的多样化需求，还需要应对技术更新和行业变革带来的挑战。因此，掌握呼叫中心的基础知识，对于从业者而言，既是提升服务质量的必要条件，也是实现个人职业发展的坚实基础。本书对基础知识进行了系统阐述，以期为从业者提供一份全面而深入的学习指南。

(1) 根据不同的划分标准，呼叫中心可以分为多种类型。按功能划分，呼叫中心可分为服务型、销售型及技术支持型等，每种类型的呼叫中心都有其独特的特点和适用场景。例如，服务型呼叫中心主要为客户提供信息查询和咨询服务，而销售型呼叫中心则更注重通过电话销售产品或服务。了解不同类型呼叫中心的特点和功能，有助于从业者更好地适应岗位需求，提升工作效率。

(2) 呼叫中心岗位通常包括客服代表、客服主管、技术支持人员、培训师等。每个岗位都有其独特的职责和要求。客服代表作为呼叫中心的核心力量，其主要职责是接听客户来电、解答客户问题、处理客户投诉等。客服主管负责客服团队的管理和培训，确保客服团队的工作质量和效率。技术支持人员负责为客服代表提供技术支持，解决技术难题。培训师负责对新入职的客服代表进行培训和指导，帮助他们快速适应岗位需求。明确各个岗位的职责和要求，有助于从业者更好地定位自己的角色，提高工作效率和团队协作水平。

(3) 呼叫中心的服务基础知识主要包括客户服务理念、沟通技巧、业务知识等方面的内容。客户服务理念是呼叫中心文化的核心，它强调以客户为中心，关注客户需求，提供优质的服务体验。沟通技巧是客服代表必备的基本技能，包括倾听、表达、引导等。良好的沟通技巧有助于客服代表更好地理解客户需求，提供准确的解决方案。业务知识则是客服代表为客户提供服务的基础，包括产品知识、业务流程、政策法规等。掌握丰富的业务知识，有助于客服代表为客户提供更加专业、准确的服务。

(4) 在呼叫中心服务基础知识的学习中，从业者需要注重理论与实践的结合。通过案例分析、模拟演练等方式，加深对客户服务理念、沟通技巧和业务知识的理解与掌握。同时，还需要不断学习和更新业务知识，以适应市场的变化和客户的需求。

(5) 安全生产是呼叫中心正常运营的重要保障。呼叫中心的安全生产知识包括防火、防盗、防诈骗等方面的内容。防火知识主要包括火灾的预防、应急处理和逃生自救等方面。防盗知识则涉及办公场所的安全防范、物品保管等。防诈骗知识强调提高警惕，防范电信诈骗、网络诈骗等。掌握安全生产知识，有助于从业者增强安全意识，提高应对突发事件的能力，确保呼叫中心的安全、稳定运营。

呼叫中心基础知识是从业者必须掌握的重要内容。通过系统学习呼叫中心的分类、岗位职责、服务基础及安全生产等方面的知识，从业者能够更好地理解岗位职责，提升服务技能，为客户提供更加专业、高效的服务。同时，不断学习和更新知识也是从业者实现个人职业发展目标的必要条件。在未来的工作中，从业者应始终保持对知识的渴求和热情，不断追求进步和提升。

7.3　服务应答处理：锤炼服务之能

服务应答处理作为呼叫中心服务员的核心技能之一，其重要性不言而喻。从基础语音应答到话术与业务分类，再到客户分类与风险识别，每一个环节都需要从业者具备较高的专业素养和应变能力。

(1) 基础语音应答是服务应答处理的基础，它要求从业者具备清晰、准确、流畅的语音表达能力。首先，从业者需要掌握标准的普通话发音，确保在与客户沟通时能够准确传达信息。其次，语速、语调、停顿等语音技巧的运用也至关重要，它们能够影响客户的感知和体验。此外，从业者还需要注意语音的音量和音质，确保客户能够清晰地听到自己的声音。

在基础语音应答的训练中，从业者可以通过录音、回放、自我评估等方式不断练习和改进，也可以借助专业的语音训练软件或参加培训课程，提高自己的语音表达能力。

(2) 话术与业务分类是服务应答处理的关键环节。话术是指在与客户沟通时使用的标准化语言，它能够帮助从业者快速、准确地回应客户的问题。而业务分类则是指将不同的问题和需求按照不同的业务类型进行分类，以便从业者能够有针对性地提供解决方案。

在话术与业务分类的训练中，从业者需要熟悉企业的产品和服务，了解客户的需求和痛点，掌握不同业务类型的特点和解决方案，以便在与客户沟通时能够迅速识别问题并给出解决方案。此外，从业者还需要注意话术的灵活性和个性化，以确保在满足客户需求的同时，传递出企业的品牌形象和价值观。

(3) 客户分类与风险识别是服务应答处理的高级技能。客户分类是指将客户按照不同的特征进行分类，如年龄、性别、职业、消费习惯等，以便从业者能够更好地了解客户的需求和偏好。而风险识别则是指在与客户沟通时，能够及时发现并应对潜在的风险和问题，确保服务的顺利进行。

在客户分类与风险识别的训练中，从业者需要具备一定的心理学和市场营销知识，以便能够更准确地识别和分析客户的特征，还需要具备敏锐的洞察力和判断力，能够及时发现潜在的风险和问题。在应对风险时，从业者需要保持冷静、果断和专业的态度，确保问题能够得到妥善解决。

服务应答处理能力的提升离不开实践和应用。从业者需要在日常工作中不断积累经验、总结教训，不断改进自己的服务方式和技能；积极参加各种培训和交流活动，了解最新的行业动态和技术发展，不断提升自己的专业素养和应变能力。在实践中，从业者还需要注意以下几点：一是始终以客户为中心，关注客户的需求和体验；二是保持积极的心态和热情的服务态度，让客户感受到企业的温暖和关怀；三是注重团队协作和沟通协作，与同事共同解决问题，提高工作效率；四是不断学习和进步，保持对知识的渴望和追求。

服务应答处理是呼叫中心服务员的核心技能之一，它要求从业者具备高度的专业素养和应变能力。通过不断学习和实践，从业者能够不断提升自己的服务应答处理能力，为客户提供更加精准、个性化的服务。未来，随着科技的不断发展和服务行业的不断升级，服务应答处理将面临更多的挑战和机遇。从业者需要保持敏锐的洞察力和创新精神，不断适应行业的变化和发展趋势，为企业的发展贡献自己的力量。同时，加大对服务应答处理的技能投入和培训力度可以有力推动呼叫中心行业的进步和发展。

7.4　服务质量标准：铸就服务之碑

在呼叫中心行业中，服务质量无疑是企业的生命线，它直接关系到客户的满意度、企业的声誉以及业务的持续发展。为了确保这条生命线的稳健与持久，建立完善的呼叫中心行业质检规范和服务质量标准体系显得尤为重要。这不仅是提高客户满意度的关键，也是呼叫中心在激烈的市场竞争中立于不败之地的基石。

(1) 服务质量标准是企业为客户提供服务时应达到的水平或标准，在呼叫中心领域，这一标准尤为重要，因为它直接关系到客户对企业服务的整体感受。明确、合理的服务质量标准能够帮助呼叫中心员工清晰地了解他们的服务目标，从而提升客户满意度，塑造企业形象。

明确服务目标： 服务质量标准为呼叫中心员工提供了明确的服务方向。无论是电话接听速度、问题解决效率，还是服务态度，每一项都有明确的标准可循，这使得员工在工作中能够有的放矢，更加专注于提升服务质量。

提升客户满意度： 当呼叫中心能够提供符合或超越客户期望的服务时，客户的满意度自然会提升。这种满意度的提升不仅有助于维护现有客户，还能通过口碑效应吸引更多新客户。

塑造企业形象： 优质的服务是塑造企业形象的关键因素之一。一个以高标准服务著称的呼叫中心，往往能够在激烈的市场竞争中脱颖而出，赢得客户的信任和忠诚。

(2) 为了确保服务质量的持续提升，呼叫中心需要建立一套完善的质检规范。这套规范不仅包括日常的服务流程、话术标准，还应涉及对客户反馈的及时处理和持续改进机制。

服务流程规范： 从客户来电的接听、问题记录、问题解决到服务结束的整个流程，都应有明确的操作步骤和质量要求。这有助于确保每一位客户都能获得一致、高效的服务体验。

话术标准： 呼叫中心员工在与客户沟通时，应遵循一定的话术标准。这不仅能提升沟通效率，还能在一定程度上减少误解和冲突，从而提升客户满意度。

客户反馈处理： 质检规范中还应包括对客户反馈的收集、整理和分析流程。通过定期评估客户反馈，呼叫中心可以及时了解服务中的不足，并据此进行调整和改进。

(3) 通话质量评定体系是确保呼叫中心服务质量持续提升的关键环节。通过对通话质量的定期评定，呼叫中心可以及时了解员工的服务水平，发现服务中的短板，并有针对性地进行培训和提升。

评定标准的制定： 通话质量的评定标准应涵盖通话的时长、员工的服务态度、问题解决的效率等多个方面。这些标准应具有可量化性，以便进行客观的评估。

数据收集与分析：通过录音、客户满意度调查等方式收集通话数据，并运用专业的分析工具对这些数据进行深入分析。这有助于呼叫中心了解员工的服务表现，以及客户对服务的真实感受。

反馈与改进：根据通话质量评定结果，呼叫中心应及时向员工提供反馈，并针对存在的问题制订改进计划。这可能包括提供额外的培训、调整服务流程或更新话术标准等。

(4) 服务质量的提升是一个持续的过程，需要呼叫中心全体员工的共同努力。通过建立完善的服务质量标准体系，以及实施通话质量评定，呼叫中心可以确保每一位员工都明确自己的服务目标，并持续向这个目标努力。

定期培训：定期为员工提供服务技能、沟通技巧及产品知识等方面的培训，是提升服务质量的关键。这不仅能增强员工的专业能力，还能提升他们解决问题的能力。

激励机制：通过建立合理的激励机制，如奖励制度、晋升制度等，鼓励员工主动提升服务质量。当员工感受到自己的努力能够得到认可和回报时，他们更有可能提供优质的服务。

客户反馈的循环改进：将客户反馈作为改进服务质量的重要依据。通过定期收集和分析客户反馈，呼叫中心可以了解客户的真实需求和期望，从而调整服务策略，提升客户满意度。

在当今竞争激烈的市场环境中，呼叫中心的服务质量显得尤为重要。通过建立完善的呼叫中心行业质检规范和服务质量标准体系，并实施通话质量评定，呼叫中心可以确保服务质量的持续提升，从而在激烈的市场竞争中脱颖而出。这不仅有助于维护现有客户，还能通过口碑效应吸引更多新客户，为企业的长远发展奠定坚实基础。服务是呼叫中心的核心竞争力，而服务质量标准则是提升竞争力的关键。只有当呼叫中心能够持续地提供高质量的服务时，才能赢得客户的信任和忠诚，进而实现企业的可持续发展。因此，不断完善服务质量标准体系，提升员工的服务意识和技能水平，应成为呼叫中心持续努力的方向。

此外，随着科技的发展，呼叫中心也应积极探索和引入新的技术手段提升服务质量。例如，利用人工智能和大数据技术分析客户需求与行为模式，为客户提供更加个性化和精准的服务；通过社交媒体等渠道拓宽服务范围，提升服务效率和客户满意度。

7.5 在职培训与持续发展：拓宽服务之路

(1) 专业能力和综合素质的高低直接关系到服务质量的优劣。因此，如何在持续发展过程中不断提升呼叫中心服务员的专业能力和综合素质，是企业面临的重要课题。所有呼叫中心运营机构在持续发展过程中都需要理解在职培训的重要性，并在日常运营中关注以下方面。

提升专业技能：呼叫中心服务员需要掌握一定的专业知识和技能，如沟通技巧、业务知识、客户心理等。通过在职培训，服务员可以系统地学习这些知识和技能，不断提升自己的专业水平，从而为客户提供更加专业、高效的服务。

增强综合素质：除了专业技能，呼叫中心服务员还需要具备良好的综合素质，如沟通能力、团队协作能力、解决问题的能力等。在职培训不仅可以提升服务员的专业技能，还可以培养其综合素质，使其在工作中更加得心应手。

适应行业变化：随着科技的不断进步和市场的不断变化，呼叫中心服务业也在不断发展。通过在职培训，服务员可以及时了解行业最新动态和趋势，掌握新的技术和方法，从而更好地适应行业变化，保持竞争优势。

(2) 设计培训内容与方法时需要考量以下方面。

业务规范培训：业务规范是呼叫中心服务员工作的基础。通过业务规范培训，服务员可以全面了解公司的业务流程、服务标准、政策法规等内容，确保在工作中能够遵守相关规定，为客户提供合规、优质的服务。

沟通技巧培训：沟通技巧是呼叫中心服务员必备的技能之一。通过沟通技巧培训，服务员可以学习如何有效沟通、处理客户问题、缓解客户情绪等，提高客户满意度和忠诚度。

师资管理培训：师资是培训质量的关键。通过师资管理培训，可以培养一支具备专业知识和丰富经验的培训师队伍，为服务员提供更加专业、系统的培训服务。

多元化培训方法：在职培训应采用多元化的培训方法，如线上课程、线下讲座、模拟演练、案例分析等。这些方法可以根据服务员的实际情况和需求进行灵活组合，增强培训效果。

团队融合：团队融合是服务员成长的重要环节。在培训过程中，应注重培养服务员的团队协作能力和团队意识，使其更好地融入团队，与同事共同协作完成任务。同时，企业应为服务员提供良好的工作环境和氛围，激发其工作积极性和创造力。

持续发展机制：持续发展是呼叫中心服务员成长的关键。企业应建立完善的持续发展机制，为服务员提供持续的培训和学习机会，鼓励其不断学习和进步；建立激励机制和晋升机制，为优秀服务员提供更好的职业发展空间和待遇保障。

7.6　笔者寄语：怀揣热情与真诚，跨越挑战和难关，迎接服务之春

我在呼叫中心行业工作了16年，是这个行业的从业者，也是受益者，更是亲历行业巨变和时代机遇的一员。回首过去，呼叫中心行业经历了从无到有、从小到大的发展历

程。如今，随着科技的不断进步和市场需求的不断变化，呼叫中心行业正面临前所未有的职业能力升级与转型。在这个充满变革的时代，随着互联网的普及和移动设备的广泛应用，客户对服务的需求越来越多样化、个性化，这为这个行业提供了更多的服务机会和发展空间。同时，随着人工智能、大数据等技术的不断涌现和应用，呼叫中心行业也在不断探索新的服务模式和技术手段，以提供更加高效、便捷、智能的服务。然而，机遇与挑战并存，在面临机遇的同时，行业的发展也面临诸多挑战。首先，客户对服务的要求越来越高，对服务质量和效率的要求也越来越高，这要求呼叫中心行业不断提高自己的服务技能和服务水平，以满足客户的期望和需求。其次，随着市场竞争的加剧和行业的不断发展，呼叫中心行业也需要不断创新和改进服务模式与技术手段，以保持竞争力和市场地位。最后，随着人工智能等技术的应用和发展，呼叫中心行业需要不断学习和掌握新技术、新知识，以适应社会的变化和发展趋势。

保持对工作的热情与热爱至关重要，只有对工作充满热情，才能始终以积极的心态投入其中，保持高效的工作状态，从而为客户提供更优质的服务；真诚的服务态度是服务行业的基石，用真诚对待每一位客户，才能赢得他们的信任与忠诚，建立长久的客户关系；持续学习与进步是不可或缺的，通过不断学习，提升职业素养和服务技能，才能更好地应对工作中的挑战，把握成长机遇，实现个人与职业的双重提升。

书写到此，向各位行业老同志和新伙伴道一句"理解万岁"，不曾经历或许不懂其中真义，不论您此刻正在或者即将投入呼叫中心服务员岗位的工作中，在呼叫中心这片热土上，每一位从业者都将成就一段服务佳话和百味职业人生。让我们以更高的职业素养、更专业的服务技能、更热情的工作态度，迎接挑战、服务客户、创造价值。

在这个充满机遇与挑战的时代里，让我们携手共进、砥砺前行，共同书写呼叫中心服务员的辉煌篇章！

附录A 考核方案

表A.1 五级呼叫中心服务员考核方案

职业(工种)名称			呼叫中心服务员		等级		五级		
职业代码			4-04-05-03						
序号	模块名称	单元编号	单元内容	考核方式	选考方式	考核时间/分钟	题库数量	考核题量	配分/分
1	服务应答处理	1	语音类应答	操作	必考	15	6	1	15
		2	文字类应答			15	6	1	10
		3	信息记录		必考	20	6	1	10
2	业务受理及处理	1	一般业务受理	操作	抽一	20	6	1	35
		2	销售业务受理						
3	信息记录与处理	1	办公软件应用	操作	抽一	20	6	1	30
		2	客服系统的应用						
合计						90	30	5	100
备注									

表A.2 四级呼叫中心服务员考核方案

职业(工种)名称			呼叫中心服务员		等级		四级		
职业代码			4-04-05-03						
序号	模块名称	单元编号	单元内容	考核方式	选考方式	考核时间/分钟	题库数量	考核题量	配分/分
1	服务应答处理	1	语音类应答	操作	抽一	10	5	5	10
		2	文字类应答						
		3	视频类应答		必考	20	5	5	10
2	业务受理及处理	1	一般业务受理	操作	必考	10	5	5	10
		2	客户关怀		必考	10	5	5	10
		3	转派业务处理		必考	10	5	5	10
		4	风险与危机事件处理		抽一	20	5	5	10
		5	问题分析处理		必考	10	5	5	10
3	信息记录与处理	1	办公软件应用	操作	必考	10	5	5	10
		2	客服系统的应用		必考	10	5	5	10
4	业务运营	1	业务指导	操作	必考	10	5	5	10
		2	业务支撑		必考	10	5	5	10
合计						120			100
备注									

表A.3　典型服务情景的考核内容

服务情景	考核内容
遇到情绪激动的客户，不断抱怨服务问题，你该如何安抚并引导对话	考察情绪安抚与积极倾听技巧
客户对产品功能存在误解，导致不满，你应该如何清晰解释并消除其疑虑	考察产品知识掌握程度及解释说明能力
客户要求立即解决一个复杂的技术问题，但你需要将其转接至技术部门，应如何沟通以确保客户满意	考察跨部门协作能力与客户沟通策略
面对客户的无理要求或不合理期望，你应如何专业并有效地管理客户预期	考察边界设定与情绪管理能力
客户在通话中突然挂断，你后续应该如何跟进处理	考察主动服务意识与跟进流程的能力
当多个紧急呼叫同时接入时，你应如何排序并有效处理	考察时间管理与优先级判断能力
客户对账单金额有疑问，你应如何快速核查并给出明确答复	考察系统操作能力与问题解决速度
遇到有语言障碍的客户(如非母语使用者)，你应如何确保沟通顺畅	考察跨文化沟通能力与适应性
客户在通话中透露个人敏感信息，你应如何妥善处理以保护客户隐私	考察数据保护与合规意识
客户要求立即退款，但根据公司政策需要一定流程，你应如何解释并安抚客户	考察政策理解能力与客户安抚技巧
遇到重复来电且问题未解决的客户，你应如何重新评估并找到解决方案	考察问题追踪与持续改进能力
客户在通话中质疑你的专业能力，你应如何自信而礼貌地回应	考察自信心与沟通技巧
客户对新产品不熟悉，你应如何提供个性化的使用建议和指导	考察产品知识与客户导向思维
面对客户关于优惠政策的反复询问，你应如何确保解释一致且清晰	考察政策熟悉度与沟通一致性
客户在通话中突然提到不相关的话题，你应如何礼貌地引导回主题	考察话题管理与沟通控制能力
遇到技术故障导致服务中断，你应如何向客户通报情况并减轻其不满	考察危机应对能力与透明度
客户对订单配送时间不满，你应如何查询最新信息并提供备选方案	考察物流跟踪与问题解决能力
当客户对服务表示赞赏时，你应如何礼貌回应并鼓励正面反馈	考察正面反馈处理与客户关系维护能力
客户要求升级投诉至上级管理层，你如何准备并转接	考察投诉升级流程与准备的充分性
遇到听力受损的客户，你应如何利用技术手段或辅助工具进行沟通	考察无障碍沟通意识与技术支持能力
客户在通话中表现出犹豫或不确定，你应如何引导其做出决定	考察决策支持与引导技巧
客户对账单支付方式有疑问，你应如何详细介绍并解释各种选项	考察支付流程知识与解释能力

服务情景	考核内容
遇到客户询问竞争对手产品对比，你应如何客观回答并强调自身优势	考察竞品分析与差异化营销策略
客户在通话中透露负面社交媒体评论的意图，你应如何预防并引导正面沟通	考察社交媒体危机预防与正面引导能力
客户要求立即解决问题，但你的权限有限，你应如何向上级申请协助并安抚客户	考察权限认知与跨部门协作能力
面对长时间通话的客户，你应如何保持耐心并有效控制通话时长	考察时间管理与耐心沟通技巧
客户在通话中提及健康或紧急状况，你应如何提供必要的支持与指导	考察人文关怀与紧急处理能力
客户对服务费用产生疑问，你应如何详细解释费用构成并确保透明	考察费用透明度知识与解释能力
遇到频繁来电的"骚扰"客户，你应如何在保持专业的同时设定边界	考察边界设定与应对骚扰策略
客户在通话结束时提出改进建议，你应如何记录并反馈以推动服务优化	考察客户反馈收集与服务质量提升意识

附录B　练习题

一、操作题

1. 某政务热线中心接到林女士来电，咨询最新社保政策变动，请依据服务流程拟写通话流程、情景话术和沟通要点。

2. 某呼叫中心接到客户来电，反映计算机无法开机，客服初步判断可能是硬件问题，请拟写指导方案和客户情绪安抚话术。

3. 联通公司接到客户李先生来电，反映本月话费异常高，怀疑存在误扣费情况，服务人员反馈到了二线，核实后发现是流量超出而导致的，客服经理应如何联系并安抚客户？

4. 电网公司客服中心接到客户来电，反映家中突然停电，表示天气炎热，要求立即维修并恢复供电，客服应如何指导客户完成报修，并安抚客户情绪？

5. 客户购买的商品存在质量问题，来电要求退换货，请拟写该业务的疑难点以及应如何指导并安抚客户？

6. 客户来电反映手机系统升级后出现卡顿现象，请拟写该业务的疑难点以及应如何指导并安抚客户？

7. 群众来电投诉某政府部门工作人员服务态度差，请拟写该业务的疑难点以及应如何指导并安抚客户？

8. 客户反映无法成功安装某款软件，请写出远程协助解决的流程。

9. 王中王全新液晶电视第一批已经推向市场，现需要对客户进行满意度回访，请拟写回访话术。

10. 客户反映购买了7件服装都是残次品，非常生气，而且自己还是老客户，觉得公司必须给一个说法，请拟写该业务的疑难点以及应如何指导并安抚客户？

11. 客户来电称刚收到的3双明星鞋业的鞋子均有明显瑕疵，且均为同一批次购买，情绪激动，要求全额退款并补偿，作为客服，你认为该业务的疑难点是什么？应如何有效沟通并安抚客户情绪？

12. 老客户反映近期连续两次购买的某品牌床上用品都存在质量问题，质疑公司品控，要求立即换货并享受额外折扣作为补偿。请分析此问题的难点，并设计安抚客户的策略。

13. 客户购买了一套价值不菲的餐具套装，收到后发现其中多件有裂痕，认为是严重质量问题，要求退货并索赔。作为售后客服，你应如何识别并处理此业务中的疑难点，同时安抚客户的不满情绪？

14. 客户反馈其购买的卡西电子产品(如智能手表)存在性能故障，且是送给孩子的生日礼物，非常焦急。你需要处理的问题包括快速确认故障原因、安排退换货流程，并特别考虑如何安抚客户因礼物延误而产生的情绪。

15. 客户一次性购买了10件童装，发现其中几件存在线头未剪、颜色不均等问题，认为公司不重视产品质量，要求全部退货并公开道歉。请分析处理难点，并设计一套既解决问题又维护品牌形象的沟通方案。

16. 客户购买的家居装饰品(如挂画)在运输过程中损坏，且该商品为限量版，无法立即补货，客户对此极为不满。请分析客服处理此问题的难点，请设计一套安抚客户并寻找替代解决方案的策略。

17. 老客户长期支持某品牌化妆品，但最近一次购买的化妆品套装中，部分产品已过期，客户非常失望并要求赔偿。请阐述此业务疑难点的解决方法，并设计安抚话术以维护客户忠诚度。

18. 客户购买的光辉牌厨房用具在使用初期就出现故障，且商品已过退换货期限，客户坚持认为产品存在设计缺陷。作为客服，你应如何识别设计缺陷并解释相关条款，同时提出合理的解决方案以安抚客户？

19. 客户反映其购买的健身器材组装后发现缺少关键部件，且因疫情影响无法及时补发，导致无法使用。请分析此类问题的难点，并提出有效的解决方案和安抚措施。

20. 客户购买的书籍套装中，多本书籍存在印刷错误或破损，客户作为书籍收藏家对此极为不满，要求换货并赔偿损失。请设计客服处理此问题的步骤，包括识别难点、沟通安抚及解决方案。

21. 客户反映其购买的美美牌婴儿用品存在安全隐患(如纽扣易脱落)，作为父母非常担忧，要求立即退货并希望公司能加强产品安全检测。请分析此敏感问题的难点，并提出安抚客户的建议及改进措施。

22. 客户一次性购买了多件季节性商品(如冬装)，收到后发现部分商品尺寸与标注不符，且已错过退换货期限。请探讨此问题的难点，并提出既合法合规又能满足客户需求的解决方案。

23. 客户购买的电子产品在保修期内出现性能问题，但所在地无官方维修点，需要邮寄维修，客户担心数据安全及维修周期。请分析该问题的难点，并设计包含数据保护承诺及快速维修方案的安抚话术。

24. 客户反映其购买的宠物用品(如宠物床)存在刺鼻气味，担心影响宠物健康，要求立即退货并索赔。请分析此类宠物健康问题的难点，并提出解决方案及安抚建议。

25. 客户购买的定制家具因尺寸测量错误导致无法安装，且定制产品无法直接退换，客户对此非常不满。请设计客服处理此问题的策略，包括确认责任、提出补救措施及安抚客户情绪。

26. 客户购买绿植作为特殊节日的礼物赠送给其他人，但绿植在运输过程中枯萎，客户非常焦急。请分析此紧急情况的难点，并提出快速补救及安抚客户的方案。

27. 客户反映购买的食品礼盒中部分商品已过保质期，认为公司疏忽大意，要求退款并公开道歉。请阐述客服在处理食品安全问题时的注意事项，并提出解决方案及安抚话术。

28. 客户购买的星辉智能家电产品因软件升级导致出现兼容性问题，影响正常使用，客户对此感到不满。请分析此类技术问题的难点，并提出升级指导方案、补偿方案及安抚措施。

29. 客户购买的艺术品在运输过程中受损，且该艺术品具有特殊情感价值，客户极为痛心并要求高额赔偿。请探讨此类情感价值损失问题的难点，并提出合理的赔偿方案及安抚策略。

30. 客户反映其购买的保健品包装破损，怀疑产品质量受影响，要求换货并赔偿。请分析此类健康疑虑问题的难点，并提出检验产品质量、快速换货及安抚客户的综合方案。

二、判断题

1. 职业道德水平高的从业人员，其文化程度是极高的，因此职业道德的社会作用之一是促进员工自身的发展。（　　）

2. 职业道德水平高的从业人员，其责任心是极高的，因此职业道德的社会作用之一是促进本行业的发展。（　　）

3. 计算机网络的应用越来越普遍，它的最大好处在于可实现资源共享。（　　）

4. 计算机中，主机主要包括显示器之外的设备。（　　）

5. 在 Word 的编辑状态，当前编辑的文档是 C 盘中 AAA.doc 文档，要将该文档保存到其他盘，应当使用"文件"菜单中的"保存"命令。（　　）

6. 在 Excel 中，第二行第四列单元格位置表示为D2。（　　）

7. 呼叫中心服务员每天要面对不同需求的客户，受理各种类型的业务工作，这就要求呼叫中心服务员的声音要富于变化。（　　）

8. 处理客户合理化建议首先要求客服人员真实地记录客户的反馈。（　　）

9. 在处理客户合理化建议的过程中，贡献度代表此需求的广泛性。（　　）

10. 每个人的嗓音条件和发音习惯不相同，因此训练客服人员发音时要强化技能，才能收到实效。（　　）

11. 说好普通话，这是做好客服人员的基础。（　　）

12. 通过另类的赞美方法可以有效控制客户的期望值，避免客户提出无理要求。（　　）

13. 接到客户投诉时，对于客户提出的诉求点，马上可以解决的问题也不能立即处理。（　　）

14. 职业守则中的效益观念要求，客服人员在提供职业服务的过程中，应当坚持正确的政治方向，努力为人民服务，为社会主义服务，为经济建设和经济发展服务。（　　）

15. "谢谢您的耐心，马上就办好了"这可以用在客户抱怨受理过程太慢时。（　　）

16. 某物体因受到振动而发出声音，这种声音又传播到其他物体上，引起其他物体共振的现象叫共鸣。（　　）

17. 对于客户的合理化建议，应当委婉拒绝。（　　）

18. 对于客户的合理化建议，应及时予以答复，如不能及时回复的应告知回复时间。（　　）

19. 职业道德具有适用范围的无限性。（　　）

20. 呼叫中心服务员只要加大音量，发出的声音就会清晰。（　　）

21. 在处理客户投诉时，如果确实是企业方原因，必须诚恳道歉，但是不能过分道歉，要注意管理客户的期望。（　　）

22. "用户至上，用心服务"属于客户服务职业的守则。（　　）

23. "han"是前鼻韵。( )

24. "ai"是复韵母。( )

25. "怒发冲冠"和"一发千钧"使用了相同的修辞手法。( )

26. "您不但可以拨打我们的电话,而且可以发送邮件到我们的邮箱。"这句话中关联词使用正确。( )

27. 我国唐朝有很多杰出的诗人,其中号称"诗圣"的是李白。( )

28. 对待大客户的方式与标准客户存在一定区别。( )

29. 客户分类的方式只有根据性格分类这一种。( )

30. 呼叫中心服务员是企业与客户沟通的第一线,能够与客户进行直接交流。( )

31. 呼叫中心服务员面对熟悉的客户可不使用问候语。( )

32. 销售过程中,避谈隐私比较合适。( )

33. 对于熟悉的客户,可以省略问候语和结束语。( )

34. 接近客户的主要方法除了好奇接近法、震惊接近法外,还有调查接近法。( )

35. 对一个人有最初印象需要7秒以上时间。( )

36. 信息查询属于电话服务的内容。( )

37. 通话完毕后,应等对方挂断电话后再将电话轻轻放回。当客户出言不逊时,应该严厉地回应。( )

38. 客户出现恼怒的情绪时,应该直截了当地对客户说:"请您先控制一下自己的情绪。"( )

39. 通话完毕后,对方没挂电话,呼叫中心服务员可先挂电话。( )

40. 电话营销实际上就是利用各种通信手段进行的客户服务。( )

41. 安全评价的程序主要包括准备阶段,危险、有害因素辨识与分析,定性、定量评价,提出安全措施,形成安全评价结论及建议,编制安全评价报告。( )

42. 安全生产检查常采用现场检查的方式进行,通过检查可及时发现隐患并采取措施予以消除。现场安全检查方法中,可直接、定量地获取准确信息的方法是现场观察。( )

43. 为预防职业病,用人单位应定期安排体检和心理疏导。( )

44. 如果因职业病引发犯罪的,用人单位也有可能承担一定的法律责任。( )

45. 如发生火情,应使用钝器砸开灭火器玻璃窗,取出灭火器灭火。( )

46. 日常工作中,可随意将灭火器取出玩耍。( )

47. 如非重要机密信息,呼叫中心服务员可将客户资料透露给他人。( )

48. 呼叫中心服务员可在呼叫工作中讨论客户的隐私。( )

49. 劳动争议是劳动者与用人单位之间因劳动权利和义务而发生的纠纷。( )

50. 如在用人单位受到身体虐待,可起诉该用人单位。( )

51.国家电信条例规定依法经营,就是要求电信业务经营者在经营活动中,遵守国家法律法规,按照依法经营的规定规范经营活动、建立健全内部规章、保护自己的合法权益。(　　)

52.广义的消费者权益保护法是指调整国家、经营者、消费者三者之间在保护消费者权益的过程中发生的法律关系的道德规范的总称。(　　)

53.在技术方面,数据电文具体是电子的,还是光学的、磁力的,法律没有必要加以限定,只要技术手段能达到法律所要求的标准,就应当承认其法律效力。(　　)

54.客户满意是一种心理活动,是需求被满足后的成就感。(　　)

55."要做好客户服务,要树立良好的客户服务意识",这句话对企业的发展并不重要。(　　)

56.如果呼叫中心服务员面部表情刻板、冷漠,没有神采,则发出的声音相应地会像挤出来似的。(　　)

57.在呼吸系统中,喉是最重要的器官。(　　)

58.在呼吸系统中,肺虽然是重要的呼吸器官,但它不会主动进行呼吸,呼吸要靠胸腔的扩大和缩小来完成。(　　)

59.如果呼叫中心服务员的面部表情是双眉紧锁,"咬牙切齿",则音色浅薄、干涩。(　　)

60.胸式呼吸又可以称为浅呼吸。(　　)

61.胸式呼吸是一种深呼吸方式,它主要靠升降膈肌、扩大胸腔的上下径来吸气。(　　)

62.吸气的要领是全身放松,吸入气流,要吸到肺底,做到快、静、深。(　　)

63.呼气的过程中,要求具有一定的控制能力,做到匀、静、稳。(　　)

64.语气是语言的物质材料。(　　)

65.语速是指讲话的速度。(　　)

66.座席员的语速应控制在120~150字/分钟。(　　)

67.对座席员而言,语音的最基本要求是规范,即要用普通话。(　　)

68.适当地改变语调不仅能在通话中保持客户的注意力,还能在一定程度上表达呼叫中心服务员对事物的态度和看法。(　　)

69.每个字的音长短时间并不一样,句中、句间长短不一的停顿就是语调。(　　)

70.普通话的音节由声母、韵母和声调三部分组成。(　　)

71.无论是快语速的客户还是慢语速的客户,都应该让他们接近座席员的语速。(　　)

72.保持适中的音量,会大大增加客户与座席员沟通的兴趣。(　　)

73.口语相对于书面语有字斟句酌的特点。(　　)

74.口语相对于书面语有现想现说、语言灵活多样、语音稍纵即逝的特点。(　　)

75. 语音的四要素是音高、音强、音长和音色。（ ）

76. 语音的四要素是音高、音强、音调和音色。（ ）

77. 普通话的音节由元音、辅音和声调三部分组成。（ ）

78. 普通话的音节由声母、韵母和声调三部分组成。（ ）

79. 音素是语音的最小单位，普通话中有30个音素，其中元音音素有5个，辅音音素有25个。（ ）

80. 音素是语音的最小单位，普通话中有32个音素，其中元音音素有10个，辅音音素有22个。（ ）

81. 调类是指声调的种类，普通话里有四个调类，即阴平、阳平、上声和去声。（ ）

82. 调类是指声调的种类，普通话里有四个调类，即阴平、阳平、阳上和阴去。（ ）

83. 所谓人性化因素，就是在企业与客户的互动过程中，真正人与人打交道的部分。（ ）

84. 当客户与企业互动的时候，客户的需求可以分成基本需求和人性需求两部分。（ ）

85. 客户的需求可以分成基本需求和社会需求两部分。（ ）

86. 客户的基本需求是与交易的基本内容相关的。（ ）

87. 尽量讲技术术语和行业术语属于呼叫中心服务员服务标准。（ ）

88. 呼叫中心服务员的服务标准包括要确认客户是否明白你的回答。（ ）

89. 呼叫中心服务员工作用语的语速为120~140字/分钟。（ ）

90. 呼叫中心服务员工作用语的语速为50~100字/分钟，如果客户表示未听清楚，则速度可放慢1/3。（ ）

91. 面对客户抱怨或投诉时，客服要反问或追问。（ ）

92. 客户抱怨或投诉时，客服可以使用责问、反问、训斥的用语。（ ）

93. 当遇到客户对客服工作表示厌烦时，座席员应该说："不客气，这是我应该做的。"（ ）

94. "感谢您对我们工作的支持，随时欢迎您再次来电"，可以用在向客户表示感谢时。（ ）

95. 遇到客户打错电话时，可以直接挂断。（ ）

96. 接到骚扰电话时，座席员切忌由于气愤或其他原因与对方展开争论。（ ）

97. 结束服务时，要与客户确认所谈相关事宜，询问客户是否还需要其他帮助。（ ）

98. 客户致谢并示意收线时，应礼貌回应客户，并等待客户结束对话。（ ）

99. 倾听是指双方在语言或非语言交流环境中，通过接收、理解、评估、反应等行为获取所需信息并适时反馈的双向沟通过程。（ ）

100. 呼叫中心服务员应该在倾听的过程中体现对客户人格的尊重、情感的关注和积极

的回应。(　　)

101. 选择型倾听往往容易更好地记录与客户沟通时的细节。(　　)

102. 投入型倾听是倾听的最高形式。倾听能够培养座席员稳重的性格。(　　)

103. 倾听者必须清楚自己的价值观和态度，特别是接收到表达不同见解的信息时，必须十分冷静。(　　)

104. 体察对方的感觉，属于有效倾听原则中的有效反馈。(　　)

105. 有效倾听原则中的全身心投入包括情感投入与意识投入。(　　)

106. 不良的交流与沟通以特定的形式出现时，就不会造成时间和资源的浪费。(　　)

107. 良好的人际沟通具有提高团队凝聚力的作用。(　　)

108. 沟通要有一个明确的目标，沟通的内容要广泛，沟通的内容包括信息、思想和情感。(　　)

109. 有了明确的目标才叫沟通。(　　)

110. 我们在工作和生活中一般采用两种不同的沟通模式：语言沟通和肢体语言沟通。(　　)

111. 意识是人的大脑对主观物质世界的一种直接反映，是感觉、思维等各种心理过程的总和。(　　)

112. 我们用得最多的沟通方式是文字，这是人类特有的一种非常好的沟通模式。(　　)

113. 做事果敢，却缺乏合作的精神，这属于回避性态度。(　　)

114. 具有迁就态度的人虽然做事不果敢，但是他们却非常愿意与人合作，其他人说什么他都会表示同意。(　　)

115. "自报家门"属于电话沟通中的不正确处理方式。(　　)

116. 征询性问题是告知客户问题的初步解决方案。"您看……?"类似问题叫作问询性问题。(　　)

117. 了解客户是成功营销的至高境界，也是进行沟通的最高宗旨。(　　)

118. 维系客户就得用心听取客户的声音，掌握目标客户的需求。(　　)

119. 在文字沟通中，回复一定要非常明确，让对方有准确、唯一的理解。(　　)

120. 眼睛看到的是信息，耳朵听到的更多的是对方传递的思想和情感。(　　)

121. 工作上的事，尽力做好，树立团队意识，有责任感，能吃苦，领导肯定喜欢。这体现了在与领导相处的过程中应该谨慎。(　　)

122. 智能 ABC 输入法是一种以字母为基础，以长句输入为主的普及型汉字输入方法。(　　)

123. 在全角输入状态下，字母和标点符号将使用全角符号，占用1个汉字的位置。(　　)

124. 不该知道的事不打听，不问领导的私事，一般不越级汇报、不激化单位领导和同事的矛盾。这是与领导相处过程中谨慎的体现。（　　）

125. 模式匹配依赖于语音模型库。（　　）

126. 语音处理中，模式识别的目的是提取声学特征。（　　）

127. 电子邮件地址的统一格式是"姓名@域名"。（　　）

128. 电子邮件地址的统一格式是"用户名&网名"。（　　）

129. 发送新邮件时，收件人是必须填写的。（　　）

130. 如果你收到了一封抄送的电子邮件，意味着收件人是你。（　　）

131. "亲，您说交易超时了，您为什么不关注时间呢？"这句话是符合互联网平台提问规范的。（　　）

132. 新座席员与会员连线的过程中，当遇到不会回答的问题时，为了避免回答错误，就会选择沉默，不回应。（　　）

133. 签名处需要写明你的姓名、单位、头衔和联系方式，以准确告诉对方你是谁。（　　）

134. 微信公众号面向名人、政府、媒体、企业等机构推出的合作推广业务不属于主要业务。（　　）

135. 在小程序权限管理中，开发管理权限可以实现小程序提交审核、发布、回退。（　　）

136. 会员表示要投诉之前的客服解答不正确，客服需要先致歉，再帮客户解决问题。（　　）

137. 信息收集工作的好坏，直接关系整个信息管理工作的质量。（　　）

138. 根据信息内容与信息收集目标和需求的相关性特征所确定的范围，属于信息收集范围中的内容范围。（　　）

139. 组织或个人为满足其信息需要而获得信息的来源，称为信息源。（　　）

140. 信息搜集是指通过各种方式获取所需要的信息。（　　）

141. 会员表示买到了假货需要退货，客服第一时间表明了淘宝对待假货的立场，并建议会员提供假货的相关凭证，小二告知会员："亲亲，您放心，如果您可以提供假货凭证的话，我这边是肯定会支持您退款的呢。"（　　）

142. 小程序的目录结构中，index.ison 文件是应用配置文件。（　　）

143. 内部客户就是组织中与我们共事的人，外部客户是指组织之外的组织或个人，内部客户的满意以外部客户的满意为前提。（　　）

144. 微信公众平台的投票功能已对所有公众账号开放。（　　）

145. 发送新邮件时，正文是必须填写的。（　　）

146. 第一次使用 Outlook Express，即电子邮件应用程序之前，必须先配置电子邮件

账号，与电子邮件服务器建立连接。（ ）

147. 全面性原则是信息收集工作最基本的要求。（ ）

148. 客户满意是指客户接受有形产品和无形服务后感到需求得到满足的状态，也是客户在消费后感受到满足的一种心理体验。（ ）

149. 情报收集是指通过观察、询问等，直接从社会中了解情况、收集资料和数据的活动。（ ）

150. 严格来讲，情报网络是指负责信息收集、筛选、加工、传递和反馈的整个工作体系，而不仅仅指信息收集本身。（ ）

151. 客户是指那些直接从客户服务人员的工作中受益的人或组织，客户从形式上可分为关键客户和非关键客户。（ ）

152. 满意度调查是近年来市场营销调研行业中发展最快、应用最广泛的调查技术。（ ）

153. 为达到信息准确性原则的要求，信息收集者必须对收集到的信息反复核实，不断检验，力求把误差减少到最低限度。（ ）

154. 客户服务是由于市场竞争的需要、产品概念的演变和客户消费的变化而产生的。（ ）

155. 异议是指沟通的一方对另一方所提出的某个观点、建议、行为指令表示不认可、持反对意见或有疑问。（ ）

156. 客户服务是指企业通过员工的服务来满足客户需求的行为。（ ）

157. 客户的人性需求是与交易的基本内容相关的。（ ）

158. 客户的人性需求可细分为情感需求、安全需求和尊重需求。（ ）

159. 让客户感到你对自己的工作胸有成竹，能够并且可以做到你许诺的事情，这是满足客户尊重需求的行动。（ ）

160. 称呼客户的名字是为了满足客户的尊重需求。（ ）

161. 在服务过程中，如果客户无法清晰地描述问题，则可以将此客户直接推给客服经理。（ ）

162. 客户异议是销售人员在销售过程中导致客户不赞同、质疑或拒绝的言行。（ ）

163. 顾客满意度调查用来测量一家企业或一个行业在满足或超过顾客对所购买产品的期望方面达到的程度。（ ）

164. 客户调查是指为了了解客户需求、满足客户需求而开展的一种调查活动。（ ）

165. 呼出电话的具体执行流程以及其中运用的营销技巧是探查客户需求的关键环节。（ ）

166. 客户关系管理产品可以维护客户信息，记录销售、营销、服务等客户接触，达到促进销售并保持客户忠诚等目的。（ ）

167. 在客户服务中，接受就意味着承诺，承诺就意味着答复。（　　）

168. 取得客户信赖是了解客户，发展长期、良好客户关系的第一步。（　　）

169. 一切复杂心理活动的基础是感觉。（　　）

170. 当客户投诉座席员服务态度不好时，座席员可以说："您觉得什么才是解决问题的正确方法呢？"（　　）

171. 投诉处理应做好的心理准备是满足客户的一切要求。（　　）

172. 呼出服务是企业通过呼叫中心的客户服务代表直接对客户进行主动呼叫，为客户介绍各种业务或提供各种服务的主动服务方式。（　　）

173. 呼出服务区别于呼入服务的最大特点在于，呼出电话是由呼叫中心主动打出，服务方在服务的时间、内容和方式等方面比较主动。（　　）

174. 项目执行是指正式开始为完成项目而进行的活动或努力的工作过程。（　　）

175. 客户因受委屈或误会等造成内心不满，要求问题得到解决的情绪表达被称为客户的愤怒。（　　）

176. 当客户因误会而产生抱怨时，服务人员在向客户解释时语气一定要委婉。（　　）

177. 当客户因误会而产生抱怨时，服务人员在向客户解释时语气一定要强硬，要让客户知道你们没有错，决不让步。（　　）

178. 突发危机不单单只有人为因素一种。（　　）

179. 积极心理学有利于处理恐慌危机。（　　）

180. 在新时代，企业或组织更应该建立完备的危机处理系统，并懂得如何运用新技术全方位地有效传播和收集信息，使损失降低至最低限度。（　　）

181. 由于危机的产生具有突变性和紧迫性，因此尽管在事先制订出危机应变计划，但是由于危机的不可预知性，任何防范措施也无法做到万无一失。在处理危机时，应针对具体问题，随时修正和充实危机处理对策。（　　）

182. 工作簿也就是我们能够在文件夹里看到的带有名字的Excel文件，双击这个文档就打开了一个工作簿。每个工作簿都有一个名字，一个工作簿也可以通俗地叫作一个文件或一个Excel文件。（　　）

183. Excel的工作表是显示在工作簿窗口中的表格。（　　）

184. Excel工作窗口界面由快捷访问工具栏、功能区、标题栏、名称框、函数插入按钮、编辑栏、列标、行号、垂直滚动条、工作表标签、新建工作表按钮、状态栏、水平滚动条、视图切换按钮和显示比例滑块等15部分组成。（　　）

185. HTTP协议是Hyper Text Transfer Protocol(超文本传输协议)的缩写，是用于从万维网(World Wide Web，WWW)服务器传输超文本到本地浏览器的传送协议，HTTP协议的端口号为80。（　　）

186. Excel是办公软件Microsoft Office的组件之一。（　　）

187. 网络安全是指网络系统的硬件、软件，以及系统中的数据受到保护，不因偶然的或者恶意的原因而遭受破坏、更改、泄露，系统连续、可靠、正常地运行，网络服务不中断。(　　)

188. 电子商务盛行也是互联网发展的体现。(　　)

189. 网络管理的目标不是为用户提供丰富的服务。(　　)

190. 子网可以是物理上独立的网络段。(　　)

191. 一个完整的计算机系统包括硬件系统和软件系统。(　　)

192. 按照规定进行系统操作是避免系统故障的基本原则。(　　)

193. "宏"是在Excel中使用的功能。(　　)

194. 呼叫中心是指综合利用先进的通信及计算机技术，对信息和物资流程进行优化处理和管理，集中实现沟通、服务和生产指挥的系统。(　　)

195. 判断客户的抗拒点是真还是假，是解除客户抗拒点的首要工作。(　　)

196. 企业要求客户服务人员要有爱心，为人真诚，以得到更多客户的信赖。(　　)

197. 客户拒绝购买并不是客户真的拒绝，而是客户拒绝向我们购买。(　　)

198. 呼出服务是企业通过呼叫中心的客户服务代表直接对客户进行主动呼叫，为客户介绍各种业务或提供各种服务的主动服务方式。(　　)

199. 客户服务礼仪的3T原则是机智、时间的选择、宽恕。(　　)

200. 微观冲突理论的代表人物主要有W. 詹姆斯、J. 多拉德、P. 克宁等。(　　)

201. 以客户为中心是企业存在的根本理由，甚至是唯一理由。(　　)

202. 客户服务的工作职责包括提供咨询、耐心解答，做好产品介绍和演示，回访和跟进投诉，做好信息反馈和汇报。(　　)

203. 自动呼叫分配系统一般包括两个功能模块，即排队模块和呼叫分配模块。(　　)

204. 现代企业呼叫中心能提供每周6天，每天12小时的不间断服务。(　　)

205. 语音的物理基础主要有音高、音强、音长、音色，这也是构成语音的四要素。(　　)

206. 音节是语音中最自然的结构单位。确切地说，音节是音位组合构成的最小的语音结构单位。(　　)

207. 传统系统的电话接入处理和IVR应答已经不是使用率最高的技术方式。(　　)

208. 呼入电话沟通流程可按员工意愿变更。(　　)

209. 呼叫中心行业初具规模是在19世纪70年代。(　　)

210. 对呼叫中心服务人员的素质要求仅限于心理素质。(　　)

211. 咨询电话的处理是呼叫中心最常见的一种业务方式。(　　)

212. 呼叫中心查阅客户名下产品/档案资料，无须与用户核对相关客户信息。(　　)

213. 处理呼入电话时，电话接通，客户刚说了一句话，电话就长时间没有声音，员工

可以直接挂机，无须回拨。（　　）

214. 关于倾听的技巧，对于客户所说的每句话，应立即一一进行回答。（　　）

215. 提问时，要注意声调，不要让客户感觉是在审问他，或者对他表示怀疑。（　　）

216. 呼入电话沟通是个体沟通的一种方式。（　　）

217. 在呼入电话沟通过程中，会存在心理因素、态度因素和感觉因素，不能只注重信息类因素，而忽视了其他因素。（　　）

218. 为使客户满意，在了解客户的需求后，企业应该根据客户的需求，为客户提供个性化的服务。（　　）

219. 对于客户有疑问或有顾虑的地方，需要首先解答疑虑，这不是座席代表的基本职责。（　　）

220. 客户定位就是最快、最准确地发现客户的有效需求，然后致力于解决该类型客户的提问。（　　）

221. 西方市场营销学对市场营销的认识比较统一，有些也适用于呼叫中心。（　　）

222. 客户长时间在电话铃的音乐中等待，或者有人接听，由于电话系统的混乱而将客户转来转去，都不会引起客户的投诉。（　　）

223. 呼入电话沟通中，措辞是很重要的，专业程度的高低就体现在措辞上。（　　）

224. 对客户遭遇的不快表示同情，不要急于解释什么，要向客户表示安慰，让客户感到你是真心实意地为他着想。（　　）

225. 按客户购买行为的目的进行分类，可以将客户分为消极购买者、积极购买者、服务购买者、传统购买者、个性购买者、价格购买者、过渡型购买者等。（　　）

226. 呼叫中心客户的购买行为是指客户为了满足自己的需要而购买呼叫中心产品的行为。（　　）

227. 调类，即声调的分类，是按照声调的实际读法归纳出来的，调值相同的归为一个调类。（　　）

228. 客户的反对意见只是因为对产品或服务有问题和忧虑，而不是真的不需要我们的产品/服务。（　　）

229. 有效沟通的四大要点：破除沟通的人为障碍、有效地发送信息、积极聆听、积极反馈。（　　）

三、单选题

1. 道德，就是依靠社会舆论、传统习惯、教育和人的信念的力量去调整人与人、人与社会之间关系的一种特殊的（　　）。

　　A. 行为规范　　　　　　　　　　B. 行为底线

    C. 行为标准　　　　　　　　　　D. 道德体系

2. 道德区别于其他社会意识的根本特征就在于它是一种(　　)。

    A. 社会产物　　　　　　　　　　B. 行为准则

    C. 最高标准　　　　　　　　　　D. 实践精神

3. 道德的类型是依据(　　)来划分的。

    A. 社会生活　　　　　　　　　　B. 社会现象

    C. 历史类型　　　　　　　　　　D. 经济形态

4. 职业守则包括爱岗敬业、诚实守信、办事公道、(　　)和奉献社会。

    A. 服务国家　　　　　　　　　　B. 服务大众

    C. 服务企业　　　　　　　　　　D. 服务家庭

5. 职业道德的基本职能是(　　)。

    A. 强制职能　　　　　　　　　　B. 调节职能

    C. 社会职能　　　　　　　　　　D. 操作职能

6. 计算机软件系统应包括(　　)。

    A. 编辑软件和连接程序　　　　　B. 数据软件和管理软件

    C. 程序和数据　　　　　　　　　D. 系统软件和应用软件

7. 下列关于 Word 文档的说法中，正确的是(　　)。

    A. Word 文档必须先命名后录入　　B. 可以同时打开多个Word文档

    C. Word 文档的拓展名只能是“.doc”或“.dot”

    D. 可用“另存为”命令，将正在编辑的文档存为“.x1s”格式

8. HTML 的中文意思是(　　)。

    A. 万维网　　　　　　　　　　　B. 超文本标记语言

    C. Web 浏览器　　　　　　　　　D. 统一资源定位器

9. “态度”这个词语的正确读音是(　　)。

    A. tai dui　　　　　　　　　　　B. tài dì

    C. tai dù　　　　　　　　　　　D . tài diu

10. 下列句子中，使用了比喻修辞手法的是(　　)。

    A. 这些字帖挂在我们课桌的铁杆上，就好像许多面小国旗在教室里飘扬。

    B. 油蛉在这里低唱，蟋蟀们在这里弹琴。

    C. (统筹方法)如何应用呢？主要是把工序安排好。

    D. 但我说出那几件“传世宝”来，岂不要叫那些富翁们齿冷三天？

11. 下列各项中，作家、作品、体裁或国别搭配有误的一项是 (　　)。

    A.老舍，《骆驼祥子》，小说　　　B. 冰心，《繁星》，诗歌

    C.莎士比亚，《威尼斯商人》，法国

D. 奥斯特洛夫斯基,《钢铁是怎样炼成的》,苏联

12. 理智型客户具有很强的推理能力和判断能力,深思熟虑后才做决定,善于控制自己的情感,所以在处理理智型客户的投诉时应(   )。

A. 以专业、权威的形象出现,并提供有理有据的解决方案

B. 有理有据,以理服人

C. 应耐心引导,使其说出真实想法

D. 态度要热情,多花一点时间倾听

13. 下列各项中,不属于呼叫中心服务员主要职责的是(   )。

A. 信息的收集、整理　　　　　　B. 进行产品和服务的推广、营销

C. 为相关部门提供必要的协助　　D. 根据市场需求提供服务

14. 用语规范,以诚待人,语调适中,语气平和,语言亲切,提倡讲(   )。

A. 双语　　　　　　　　　　　　B. 普通话

C. 英语　　　　　　　　　　　　D. 方言

15. 在目标市场中,对于优先考虑的客户,可以(   )。

A. 每月打一次电话　　　　　　　B. 每季度拜访一次

C. 每季度打一次电话　　　　　　D. 每月打一次电话,每季度拜访一次

16. 接听电话时,以下做法中,不正确的是(   )。

A. 如果是传言,只要记录留言人是谁即可

B. 等对方放下电话后,再轻轻将听筒放回电话机上

C. 最好能告知对方自己的姓名

D. 接电话时,不使用"喂"回答

17. 一般来讲,服务一开始的时候,服务人员应多使用(   )。

A. 开放式问题　　　　　　　　　B. 封闭式问题

C. 选择式问题　　　　　　　　　D. 自问自答式问题

18. 当客户有失误时,应该(   )。

A. 直接对客户说"你搞错了"

B. 用"我觉得这里存在误解"来间接地说明客户的错误

C. 直接对客户说"这不是我的错"

D. 对客户说"怎么搞的,重新来"

19. 在生产经营单位的安全生产工作中,各管理机构之间、管理制度和方法之间,必须具有紧密的联系,形成相互制约的回路,方能进行有效管理。这种管理思想遵循的原则是(   )。

A. 因果原则　　　　　　　　　　B. 反馈原则

C. 封闭原则　　　　　　　　　　D. 动态相关原则

20. 职业病防治工作坚持(　　)的方针，实行分类管理、综合治理。

    A. 预防为主、防治结合　　　　　B. 标本兼治、防治结合

    C. 安全第一、预防为主　　　　　D. 标本兼治、预防为主

21. 机房内需要配备(　　)。

    A. 二氧化碳灭火器　　　　　　　B. 干粉灭火器

    C. 泡沫灭火器　　　　　　　　　D. 以上都可

22. 重要涉密部门的人员选配，应当坚持(　　)的原则，并定期进行考核，不适合的应及时调整。

    A. 谁选配谁负责　　　　　　　　B. 先审后用

    C. 先选后训　　　　　　　　　　D. 先训后审

23. 劳动者平等选择职业是(　　)的体现。

    A. 获得劳动报酬　　　　　　　　B. 劳动安全卫生保护

    C. 平等就业　　　　　　　　　　D. 服务工作

24. 国家电信条例中，增值电信业务是指利用公共网络基础设施提供的电信与(　　)服务的业务。

    A. 信息　　　　　　　　　　　　B. 图像

    C. 语音　　　　　　　　　　　　D. 报文

24. 消费者权益保护法的基本原则是国家保护消费者权益的(　　)。

    A. 合法权　　　　　　　　　　　B. 指导思想和根本宗旨

    C. 指导思想和准则　　　　　　　D. 根本利益

25. 电子商务法，是调整以数据电文为交易手段而形成的因(　　)所引起的商事关系的规范体系。

    A. 交易形式　　　　　　　　　　B. 交易内容

    C. 交易方式　　　　　　　　　　D. 交易结果

26. 广告主应当对广告内容的(　　)负责。

    A. 完整性　　　　　　　　　　　B. 真实性

    C. 客观性　　　　　　　　　　　D. 合法性

27. 为了明确传达信息，避免误解，呼叫中心服务员的声音必须(　　)。

    A. 准确清晰　　　　　　　　　　B. 圆润动听

    C. 朴实大方　　　　　　　　　　D. 富于变化

28. 呼叫中心服务员在具备良好的业务素质的基础上，应对客户倾注更多的(　　)。

    A. 经济利益　　　　　　　　　　B. 情感

    C. 技术分析　　　　　　　　　　D. 附加服务

29. 在呼吸系统中，(　　)是最重要的器官。

A. 肺   B. 鼻

C. 喉   D. 气管

30. 发音用气过程中, ( )呼吸方式是符合用气要求的。

   A. 胸式   B. 腹式

   C. 胸腹式   D. 口腔式

31. 吸气的要领是全身放松, 吸入气流, 要吸到肺底, 做到( )。

   A. 快、静、深   B. 匀、缓、稳

   C. 快、稳、深   D. 匀、静、稳

32. 造成吐字不清的主要原因是( )在发相应的字音时不到位。

   A. 发音器官   B. 发声时

   C. 声带   D. 唇舌

33. 音量是指声音的大小, 音量的大小和( )有关。

   A. 说话人的口气   B. 内容

   C. 气息控制   D. 环境

34. ( )是指讲话时声音的高低升降、抑扬顿挫的变化。

   A. 语音   B. 音量

   C. 语调   D. 节奏

35. 在电话沟通中, 各因素的重要程度是( )。

   A. 声音占70%, 用语占30%   B. 声音占80%, 用语占20%

   C. 声音占85%, 用语占15%   D. 声音占82%, 用语占18%

36. 在口语表达过程的( )阶段, 要完成说话内容的轮廓语或一些"语点"。

   A. 扩展、编码   B. 传送

   C. 内部言语   D. 反馈

37. ( )是人们对声音高低的感知, 它的大小取决于发音体振动的频率。

   A. 音强   B. 音质

   C. 音长   D. 音高

38. 普通话的音节由( )、韵母和声调三部分组成。

   A. 声母   B. 元音

   C. 辅音   D. 音素

39. 音素是语音的最小单位, 普通话中元音音素有( )个。

   A. 11   B. 10

   C. 22   D. 12

40. 调类是指声调的种类, 普通话里有4个调类, 即阴平、( )、上声和去声。

   A. 阳平   B. 上去

C. 阴去　　　　　　　　　　　D. 阳上

41. "尽量提供迅速的服务"属于呼叫中心服务员的(　　)。

A. 服务标准　　　　　　　　　B. 现场工作纪律

C. 日常行为规范　　　　　　　D. 道德标准

42. 呼叫中心服务员工作用语的语速应(　　)。

A. 快速　　　　　　　　　　　B. 缓慢

C. 以每分钟50~80字为佳　　　D. 以每分钟120~140字为佳

43. 在客户服务的电话接听中，要有效地利用(　　)的技巧，因为它的目的是给客户提供一种发泄的渠道。

A. 提问　　　　　　　　　　　B. 倾听

C. 微笑　　　　　　　　　　　D. 赞美

44. "请不必客气，这是我们应该做的"是(　　)座席员的回答用语。

A. 遇到客户表示感谢时　　　　B. 投诉受理结束时

C. 遇到客户提出建议时　　　　D. 客户总是不明白时

45. "对不起，如果没有业务需要咨询，请挂机"，适用于座席员(　　)的回答。

A. 遇到无声电话时　　　　　　B. 接到骚扰电话时

C. 通话中出现口误或疏漏时　　D. 遇到客户打错电话时

46. 下列服务用语中，不属于结束前确认用语的是(　　)。

A. "请问我刚才的解释，您明白了吗？"

B. "请问还有什么可以帮助您的？"

C. "请问您还有其他问题需要解决吗？"

D. "不客气，谢谢您使用我们的服务，再见！"

47. (　　)是有效沟通的重要基础。

A. 肢体语言　　　　　　　　　B. 倾听

C. 面部表情　　　　　　　　　D. 积极态度

48. 在对倾听的概念深入了解的基础上，可将倾听简单划分为(　　)。

A. 投入型倾听、选择型倾听、忽视型倾听

B. 投入型倾听、目标型倾听、选择型倾听

C. 忽视型倾听、理解型倾听、选择型倾听

D. 积极型倾听、投入型倾听、忽视型倾听

49. (　　)可以表达对客户情感的尊重，可以表现对客户设身处地地理解。

A. 倾听　　　　　　　　　　　B. 肢体语言

C. 面部表情　　　　　　　　　D. 语言沟通

50. 下列选项中，不属于有效倾听的原则的是(　　)。

A. 全身心投入　　　　　　　　B. 关注客户

C. 排除情绪干扰　　　　　　　D. 假设明白客户的意图

51. 沟通就是为了设定的目标，把信息、思想和情感在个人或群体间传递，并达成共同(　　)的过程。

A. 关系　　　　　　　　　　　B. 协议

C. 思想　　　　　　　　　　　D. 情感

52. 除去睡眠时间，我们(　　)以上的时间都用在传递或接受信息上。

A. 60%　　　　　　　　　　　B. 70%

C. 80%　　　　　　　　　　　D. 90%

53. 沟通的三大要素是(　　)，沟通要达成共同的协议，沟通的内容有信息、思想和情感。

A. 沟通要及时　　　　　　　　B. 沟通要有一个明确的目标

C. 沟通要选对时机　　　　　　D. 沟通的内容要广泛

54. 我们在工作和生活中一般采用两种不同的沟通模式：语言沟通和(　　)。

A. 文字沟通　　　　　　　　　B. 信息沟通

C. 表情沟通　　　　　　　　　D. 肢体语言沟通

55. 在沟通过程中，根据(　　)的不同，可分为5种不同的态度。

A. 果敢性和合作性　　　　　　B. 合作性和时间性

C. 事件性质和人物对象　　　　D. 对象和果敢性

56. (　　)是实现有效沟通并使沟通走向深入、持久的基础。

A. 维系客户　　　　　　　　　B. 了解客户

C. 感动客户　　　　　　　　　D. 关怀客户

57. 在客户服务的电话沟通技巧中，第一个是有效地利用提问的技巧。"您什么时候买的""您的发票是什么时候开的呀""当时发票开的抬头是什么呀""当时是谁接待的呀"，等等，这属于(　　)。

A. 针对性问题　　　　　　　　B. 选择性问题

C. 了解性问题　　　　　　　　D. 澄清性问题

58. 一个完整的文字沟通过程包括(　　)。

A. 信息发送、接收　　　　　　B. 信息发送、反馈

C. 信息发送、接收、反馈　　　D. 信息接收、反馈

59. 人们因对人、对事的态度、观点和信念不同造成的沟通障碍，属于(　　)沟通障碍。

A. 个人因素　　　　　　　　　B. 人际因素

C. 组织因素　　　　　　　　　D. 结构因素

60. 领导不仅职级高，而且阅历、经验较为丰富，认真考虑领导提出的意见，有不同意见，以适当的方式进行沟通，这是与领导相处过程中(   )的体现。

   A. 理解   B. 谨慎

   C. 尊重   D. 大度

61. 文字输入技术主要有(   )两大类。

   A. 英文输入和中文输入   B. 拼音输入和五笔输入

   C. 语音输入和手写输入   D. 键盘输入和非键盘输入

62. 智能 ABC 输入法是一种以(   )为基础，以词组输入为主的普及型汉字输入方法。

   A. 区位码   B. 字母

   C. 拼音   D. 笔画

63. (   )输入法是一种根据汉字字型进行编码的输入方法。

   A. 五笔   B. 全拼

   C. 区位码   D. 智能 ABC

64. 1986年，语音识别作为我国科技计划的研究课题被列出，该科技计划是(   )。

   A. 核高基   B. 863计划

   C. 973计划   D. 重点研发计划

65. 电子邮件地址的统一格式是"(   )@域名"。

   A. 姓名   B. IP 地址

   C. 用户名   D. 数字

66. 第一次使用(   )，必须先配置邮件账号，与电子邮件服务器建立链接。

   A. Outlook Express   B. Internet

   C. TCP / IP   D. IE

67. 当用户需要发送电子邮件时，首先要(   )。

   A. 保存电子邮件   B. 收取电子邮件

   C. 新建电子邮件   D. 删除电子邮件

68. 工作计划的发送对象主送工作计划的下达对象，还需要抄送给(   )。

   A. 直接上级   B. 部门相关人员

   C. 直接上级、间接上级、部门内部相关人   D. 直接上级和间接上级

69. 以下关于升级流转规范的表述中，(   )是错误的。

   A. 当前客户主动要求在线升级转接，客服人员需要优先明确客户问题并按规范要求进行解答

   B. 不认可解答，可以在客户同意的前提下升级转接

   C. 当前客户主动要求在线升级且不愿意描述问题，客服人员可回复转接承接语后

做好转接备注，进行转接

　　D. 非本技能线业务，直接操作转接

70. 对于微信而言，同一个身份证(不支持临时身份证)可登记(　　)信息。

　　A. 3次　　　　　　　　　　B. 2次

　　C. 4次　　　　　　　　　　D. 1次

71. 在小程序权限管理中，(　　)可以使用开发者工具及开发版小程序进行开发。

　　A. 开发管理　　　　　　　　B. 开发者授权

　　C. 暂停服务设置　　　　　　D. 登录

72. 客户张女士咨询："我在××电商平台买了一支口红，有点破损了，我想退款，却找不到我这个订单了，怎么回事啊？"请问张女士的核心问题是(　　)。

　　A. 投诉卖家商品破损　　　　B. 淘宝的退款规则

　　C. 操作退款找不到订单　　　D. 退款卖家不同意

73. (　　)是指通过各种方式获取所需要的信息。

　　A. 信息收集　　　　　　　　B. 信息搜集

　　C. 信息整理　　　　　　　　D. 信息挖掘

74. 承载系统的知识信息的各种载体信息源，包括图书、报纸、期刊、专利文献、学位论文、公文等，被称为(　　)。

　　A. 实物型信息源　　　　　　B. 文献型信息源

　　C. 电子型信息源　　　　　　D. 网络型信息源

75. 信息的利用价值取决于该信息是否能被及时提供，这就决定了信息收集具有(　　)。

　　A. 时效性原则　　　　　　　B. 全面性原则

　　C. 准确性原则　　　　　　　D. 综合性原则

76. (　　)是获得真实、可靠信息的重要手段。

　　A. 社会调查　　　　　　　　B. 问卷分类

　　C. 战略性情报的开发　　　　D. 从文献中获取信息

77. 客户服务是由于(　　)的需要、产品概念的演变和客户消费的变化而产生的。

　　A. 市场竞争　　　　　　　　B. 社会发展

　　C. 经济发展　　　　　　　　D. 消费人群

78. 客户是指那些直接从客户服务人员的工作中获得(　　)的人或组织，客户可分为内部客户和外部客户。

　　A. 收益　　　　　　　　　　B. 帮助

　　C. 服务　　　　　　　　　　D. 受益

79. 内部客户就是存在于(　　)与我们共事的人，内部客户的满意应以外部客户的满意为前提。

A. 组织之中　　　　　　　　　　B. 社会之中

C. 团体之中　　　　　　　　　　D. 市场之中

80. 客户服务是指企业通过员工提供(　　)来满足客户需求的行为。

A. 帮助　　　　　　　　　　　　B. 产品

C. 服务　　　　　　　　　　　　D. 产品和服务

81. 客户满意是指客户接受(　　)后感到需求得到满足的状态,也是客户在消费后感受到满足的一种心理状态。

A. 有形的产品和服务　　　　　　B. 无形的产品和服务

C. 无形产品和有形服务　　　　　D. 有形产品和无形服务

82. 平均每位客户会将自己的服务体验告诉(　　)个人。

A. 1~2　　　　　　　　　　　　B. 3~8

C. 8~16　　　　　　　　　　　　D. 16~24

83. 所谓(　　),就是在企业与客户的互动过程中,真正人与人打交道的部分。

A. 个性化因素　　　　　　　　　B. 人性化因素

C. 社会性因素　　　　　　　　　D. 互动性因素

84. 当客户与企业互动的时候,客户的需求可以分成(　　)两部分。

A. 基本需求和人性需求　　　　　B. 外在需求和内在需求

C. 外部需求和内部需求　　　　　D. 主观需求和客观需求

85. 客户的基本需求是与(　　)的基本内容相关的。

A. 收益　　　　　　　　　　　　B. 服务

C. 交易　　　　　　　　　　　　D. 商品

86. 客户的人性需求可细分为情感需求、安全需求和(　　)。

A. 客观需求　　　　　　　　　　B. 道德需求

C. 社会需求　　　　　　　　　　D. 尊重需求

87. 不要让客户等待,让客户完全知道所发生的一切是满足客户(　　)的行动。

A. 基本需求　　　　　　　　　　B. 道德需求

C. 社会需求　　　　　　　　　　D. 情感需求

88. 客户服务主要包括4个阶段:接待、挽留、(　　)。

A. 理解和帮助　　　　　　　　　B. 欢迎和帮助

C. 欢迎和理解　　　　　　　　　D. 分析和理解

89. 处理投诉时,应以维护(　　)为原则,以尊重客户、理解客户为前提。

A. 个人形象　　　　　　　　　　B. 客户利益

C. 单位形象　　　　　　　　　　D. 客户形象

90. 评估客户的合理化建议时,首先要把握(　　)原则。

A. 可行性　　　　　　　　　　　B. 准确性

C. 真实性　　　　　　　　　　　D. 客观性

91. 在客户服务中，接受就意味着(　　)。

A. 肯定　　　　　　　　　　　　B. 知道

C. 承诺　　　　　　　　　　　　D. 答复

92. 在呼叫中心的常规呼入业务中，(　　)是呼叫中心最常见的一种业务方式。

A. 电话查询　　　　　　　　　　B. 预约登记热线

C. 技术支持热线

93. 以客户为中心的经营、服务的第一步，也是最关键的一步就是(　　)。

A. 销售产品　　　　　　　　　　B. 讨好客户

C. 客户在询问时，心神不宁　　　D. 了解客户需求

94. 用户电话呼入后，首先要(　　)。

A. 转接话务员　　　　　　　　　B. 登记用户信息

C. 选择是否需要自动服务　　　　D. 查询条件选择

95. "××先生(小姐)，让我们一起找一个妥善解决问题的方法，好吗?"这是(　　)座席员的回答用语。

A. 客户失礼时　　　　　　　　　B. 客户语速过快时

C. 投诉受理结束时　　　　　　　D. 客户情绪异常时

96. 下列各项中，错误的应对投诉的方式是(　　)。

A. 对投诉进行辩解　　　　　　　B. 及时处理与回复

C. 认同并表达改善之意　　　　　D. 做好记录

97. 对于客户的合理化建议，当超出处理权限时，应(　　)。

A. 及时上报　　　　　　　　　　B. 先暂时搁置

C. 不予接受　　　　　　　　　　D. 委婉拒绝

98. 当客户因误会而产生抱怨时，服务人员在向客户解释时语气一定要(　　)。

A. 强硬　　　　　　　　　　　　B. 实在

C. 温柔　　　　　　　　　　　　D. 委婉

99. 当因(　　)引起客户抱怨时，应立即退款或更换新的产品。

A. 误会　　　　　　　　　　　　B. 产品质量

C. 服务态度　　　　　　　　　　D. 公司制度

100. 以下各项中，不属于呈现过程的是(　　)。

A. 准备　　　　　　　　　　　　B. 观察

C. 互动　　　　　　　　　　　　D. 讨论

101. 成功呈现有(　　)大原则。

A. 5　　　　　　　　　　　　　B. 6

C. 7　　　　　　　　　　　　　D. 8

102. 以下各项中，不属于成功呈现注意事项的是(　　)。

A. 环境　　　　　　　　　　　　B. 气氛

C. 心理　　　　　　　　　　　　D. 健康

103. Excel工作表的行号显示在工作簿窗口的左边，列号显示在工作簿窗口的(　　)。

A. 上边　　　　　　　　　　　　B. 下边

C. 右边　　　　　　　　　　　　D. 顶部

104. Excel默认一个工作簿有(　　)个工作表。

A. 1　　　　　　　　　　　　　B. 3

C. 5　　　　　　　　　　　　　D. 11

105. 用户可以根据需要添加工作表，但每个工作簿最多可以包括(　　)个工作表。

A. 158　　　　　　　　　　　　B. 199

C. 255　　　　　　　　　　　　D. 300

106. Excel工作簿文件的后缀是(　　)。

A. .xlsx　　　　　　　　　　　　B. .xls

C. .exc　　　　　　　　　　　　D. .excel

107. Excel工作簿就是Excel(　　)。

A. 文件　　　　　　　　　　　　B. 电子表格文件

C. 数据表格文件　　　　　　　　D. 表格

108. Excel是以工作簿来存储数据的，工作簿文件是Excel存储在磁盘上的(　　)独立文件，它由多个工作表组成。在Excel中，数据和图表都是以工作表的形式存储在工作簿文件中的。

A. 动态　　　　　　　　　　　　B. 静态

C. 最大　　　　　　　　　　　　D. 最小

109. 如果你对选项卡、命令组的布局不满意，则可以进行自定义。可以在"文件"—(　　)—"自定义"菜单中进行设置。

A. "选项"　　　　　　　　　　　B. "视图"

C. "插图"　　　　　　　　　　　D. "另存为"

110. Excel图表(　　)缩放展示。

A. 可以　　　　　　　　　　　　B. 不可以

C. 管理员可以　　　　　　　　　D. 申请后可以

111. 为了信息录入的准确、高效，需要养成及时(　　)的工作习惯。

A. 复制　　　　　　　　　　　　B. 刷新

    C. 撤回   D. 保存

112. Excel由( )公司开发。

    A. 微软   B. 谷歌

    C. 亚马逊   D. 苹果

113. Excel是一种用来更方便地处理( )的软件。

    A. 文稿   B. 数据

    C. 图片   D. 表格

114. 对于Excel 2007，行数上限为1048576(=2)，列数上限为( )。

    A. XFD(=16386)   B. XFD(=16385)

    C. XFD(=16383)   D. XFD(=16384)

115. 以下各项中，不属于网络安全风险的是( )。

    A. 倍速播放   B. 信息窃取

    C. 数据增删   D. 计算机病毒

116. 网络安全面临的攻击性主要有( )种。

    A. 3   B. 4

    C. 5   D. 6

117. 网络安全威胁主要包括两类：渗入威胁和( )。

    A. 干扰威胁   B. 病毒威胁

    C. 入侵威胁   D. 植入威胁

118. 地址解析协议的缩写是( )。

    A. ARP   B. ARC

    C. ARE   D. ART

119. 点对点隧道协议的缩写是( )。

    A. PTRT   B. PPTP

    C. PITO   D. PPUI

120. HTTPS(Hypertext Transfer Protocol Secure，超文本传输安全协议)Web服务存在http和https两种通信方式，http对于传输采用不加密的方式，https默认采用( )端口，在HTTPS数据传输的过程中，需要用SSL/TLS对数据进行加密和解密。

    A. 423   B. 443

    C. 404   D. 402

121. 以下各项中，不属于互联网应用的是( )。

    A. 手机彩铃   B. 搜索引擎

    C. 社交网站   D. 网络电话

122. 互联网应用原则是前台应用和后台应用( )。

A. 聚合　　　　　　　　　　　　B. 分离

C. 关联　　　　　　　　　　　　D. 连接

123. 前台应用的服务与后台应用的服务通过(　　)进行解耦。

A. MS　　　　　　　　　　　　B. MQ

C. MX　　　　　　　　　　　　D. MH

124. 子网(　　)是物理上独立的网络段。

A. 可以　　　　　　　　　　　　B. 有时候可以

C. 不可以　　　　　　　　　　　D. 输入密码后才可以

125. 网桥比转发器(　　)。

A. 简单　　　　　　　　　　　　B. 复杂

C. 立体　　　　　　　　　　　　D. 丰富

126. 波特率的英文缩写是(　　)。

A. bpx　　　　　　　　　　　　B. bps

C. pbx　　　　　　　　　　　　D. spb

127. 一个完整的计算机系统包含(　　)。

A. 硬件系统　　　　　　　　　　B. 主机

C. 显示器　　　　　　　　　　　D. 应用软件

128. CPU是(　　)。

A. 中央交换器　　　　　　　　　B. 中央处理器

C. 中央读取器　　　　　　　　　D. 中央管理器

129. 微型计算机的运算器、控制器、内存储器的总称是(　　)。

A. 中央交换器　　　　　　　　　B. 主机

C. 显示器　　　　　　　　　　　D. 硬盘

130. 以下各项中，属于物理层设备的是(　　)。

A. 中继器　　　　　　　　　　　B. 以太网交换机

C. 桥　　　　　　　　　　　　　D. 网关

131. 在以太网中，是根据(　　)来区分不同设备的。

A. LLC地址　　　　　　　　　　B. MAC地址

C. IP地址　　　　　　　　　　　D. IPX地址

132. 标准是指(　　)。

A. 以太网　　　　　　　　　　　B. 快速以太网

C. 令牌环网　　　　　　　　　　D. FDDI网

133. 在计算机系统中，操作系统是(　　)。

A. 一般应用软件　　　　　　　　B. 核心系统软件

C. 用户应用软件　　　　　　　D. 系统支撑软件

134.（　　）不是基本的操作系统。

A. 批处理操作系统　　　　　　B. 分时操作系统

C. 实时操作系统　　　　　　　D. 网络操作系统

135.（　　）不是分时系统的基本特征。

A. 同时性　　　　　　　　　　B. 独立性

C. 实时性　　　　　　　　　　D. 交互性

136. 以下软件中，（　　）不是办公软件。

A. 演示文稿　　　　　　　　　B. Excel

C. Adobe Photoshop　　　　　　D. Word

137. 演示文稿的英文简称是（　　）。

A. PPT　　　　　　　　　　　B. PDF

C. PS　　　　　　　　　　　　D. NOTE

138. 以下各项中，（　　）不属于演示文稿中的功能。

A. 艺术字　　　　　　　　　　B. 插入图片

C. 启用宏　　　　　　　　　　D. 动画飞入

139. 对于一封符合规定的电子邮件，说法错误的是（　　）。

A. 可以发给发件人自己　　　　B. 可以同时向多个电子邮件地址发送

C. 只能向一个收件人地址发送　D. 写好后可以不立即发送

140. Internet是全球最具影响力的计算机互联网，也是世界范围内重要的（　　）。

A. 信息资源网　　　　　　　　B. 多媒体网络

C. 办公网络　　　　　　　　　D. 销售网络

141. 根据计算机使用的电信号来分类，电子计算机分为数字计算机和模拟计算机，其中，数字计算机是以（　　）为处理对象。

A. 字符数字量　　　　　　　　B. 物理量

C. 数字量　　　　　　　　　　D. 数字、字符和物理量

142. 不同的客户有不同的投诉诉求，（　　）原则要求从企业的管理角度出发，在尽可能满足客户要求的同时又不能损害自身的利益。

A. 口径一致　　　　　　　　　B. 双赢互利

C. 迅速处理　　　　　　　　　D. 积极配合

143. 要站在客户的立场上将心比心，对客户的投诉进行实事求是的判断，不得加入个人情绪和好恶，此种行为属于（　　）。

A. 口径一致　　　　　　　　　B. 双赢互利

C. 迅速处理　　　　　　　　　D. 中立原则

144. 一个非常满意的客户，会把他们的满意告知12个人，而这些人当中，在产生同样的需求时，会光顾那些被满意客户(　　)的企业。

    A. 歌颂　　　　　　　　　　B. 赞扬

    C. 批评　　　　　　　　　　D. 无视

145. 提高满足客户基本需求的能力应主要学会满足客户功能性的需求、(　　)。

    A. 学会满足客户差异化的需求　　B. 学会运用客户需求

    C. 学会推荐公司产品　　　　　　D. 学会分析客户需求

146. 不满意的客户中只有(　　)的人会不止一次提出投诉，直至高层管理者听到他们的声音为止。

    A. 2%　　　　　　　　　　　B. 3%

    C. 4%　　　　　　　　　　　D. 5%

147. 客户的(　　)反映了他们内心要表达的声音。

    A. 表情　　　　　　　　　　B. 情绪

    C. 声音　　　　　　　　　　D. 动作

148. 服务人员角色模糊，无法依照(　　)传递服务。

    A. 质量标准　　　　　　　　B. 用户要求

    C. 观点　　　　　　　　　　D. 标准

149. 在人际交往过程中，没有(　　)，就没有沟通。

    A. 比较　　　　　　　　　　B. 感同身受

    C. 理性判断　　　　　　　　D. 同理心

150. 关注与客户沟通过程中的小细节，要养成(　　)的习惯。

    A. 及时处理　　　　　　　　B. 记录

    C. 快速回应　　　　　　　　D. 反应快

151. 企业竞争不再仅仅是产量和产品质量的竞争，更体现在为客户提供(　　)的竞争。

    A. 企业形象　　　　　　　　B. 产品价值

    C. 优质服务　　　　　　　　D. 满意度

152. (　　)是企业竞争力的重要决定因素，更是企业长期利润的根本源泉。

    A. 短期客户　　　　　　　　B. 潜在客户

    C. 忠诚客户　　　　　　　　D. 竞争对手

153. (　　)是客户对企业产品在长期竞争中所表现出的优势的综合评价。

    A. 短期客户　　　　　　　　B. 客户忠诚

    C. 忠诚客户　　　　　　　　D. 竞争对手

154. 以下各项中，不属于呼叫中心服务员尊重客户的行为是(　　)。

    A. 倾听谈话   B. 切忌尖酸刻薄

    C. 温和对待   D. 眼神专注

155. 客户总希望他的投诉是对的，是有道理的，他们最希望得到的是同情、尊重和( )。

    A. 成本   B. 投入

    C. 盈利   D. 合作互利

156. 建立良好的客户关系，最重要的是( )。

    A. 同情客户   B. 关心客户

    C. 满足客户一切要求   D. 尊重客户人格

157. 以客户为中心是以买方(客户群)的要求为中心，其目的是从客户的满足之中获取利润，这可以认为是一种"以消费者(用户)为导向"或"市场导向"的( )。

    A. 盈利观念   B. 市场观念

    C. 营销观念   D. 经营观念

158. 供方提供的产品/服务可能对组织向客户提供满意的产品产生重要的影响，能否处理好与供方的关系，影响组织能否持续、稳定地提供客户满意的产品。对供方不能只讲控制，不讲( )。特别对关键供方，更要建立互利关系，这对组织和供方双方都是有利的。

    A. 成本   B. 投入

    C. 盈利   D. 合作互利

159. 客户需求导向是贯穿市场、研发、销售、制造、服务等企业生产全流程的，企业必须在全流程中以客户需求为导向。以( )是一个企业不断变革、动态管理、持续改进的过程。

    A. 市场为中心   B. 收益为中心

    C. 成本为中心   D. 客户为中心

160. ( )是社会微冲突的典型。

    A. "曼德拉效应"   B. "黑天鹅"事件

    C. "郁金香事件"   D. "乌坎事件"

161. 除了更新"微冲突"这个概念模式，掌握( )的方法也很重要。

    A. 静平衡   B. 大平衡

    C. 小平衡   D. 动平衡

162. 微冲突下，事物没有定性，只有( )。

    A. 动性   B. 个性

    C. 特性   D. 变性

163. 处理基础危机时，不正确的是( )。

A. 谨言慎行   B. 问题剖析

C. 阶段响应   D. 激情处理

164. 基础危机有( )类。

A. 7   B. 9

C. 11   D. 4

165. 恐慌危机后期可能出现( )。

A. 呆若木鸡   B. 工作认真

C. 记忆超群   D. 创伤后应激障碍

166. ( )不是呼入电话沟通的特点。

A. 声音和谐   B. 言辞得体、准确

C. 态度和蔼可亲   D. 面带微笑

167. 要提升电话质量先处理( )，再处理事件。

A. 心情   B. 情绪

C. 问题   D. 状态

168. 危机通常包括潜伏期、( )、善后期、复建期。

A. 浮现期   B. 危害期

C. 公共期   D. 发生期

169. 缓变危机的处理原则有( )条。

A. 7   B. 6

C. 5   D. 4

170. 以下各项中，不属于缓变危机处理原则的是( )。

A. 随机应变   B. 快速响应

C. 长远考虑   D. 逃离不管

171. 在处理危机时，应针对( )，随时修正和充实危机处理对策。

A. 明显问题   B. 最大问题

C. 所有问题   D. 具体问题

172. 目前满意度调查通常采用的三种方法是问卷调查、( )、访谈研究。

A. 录音调听   B. 二手资料收集

C. 数据分析   D. 客户反馈

173. 顾客满意度的满足状态等级一般采用( )种态度等级。

A. 6   B. 7

C. 8   D. 5

174. 满意度调查的方法有( )与建议系统。

A. 设立投诉   B. 第三方监管

　　C. 自查自纠　　　　　　　　　　D. 创建调查表

175. 进行满意度指标确定、分析和应用的过程中，应始终紧扣满意度调查的目标和（　　）。

　　A. 内容要求　　　　　　　　　　B. 数据分析

　　C. 顾客感知　　　　　　　　　　D. 品牌地位

176. 满意度调研，管理者可采用VOC系统、服务改进系统、（　　）等轻松、有效地倾听用户声音，了解服务现状，发现短板，评价服务绩效，推进服务提升。

　　A. 服务系统　　　　　　　　　　B. 主动营销

　　C. 自查自纠系统　　　　　　　　D. 服务绩效评估系统

177. 对于某些有社会背景的用户或者大用户，借助业务部门的力量，考虑与其合作项目或业务，达到（　　）的目标。

　　A. 和谐发展　　　　　　　　　　B. 共同发展

　　C. 互惠互利　　　　　　　　　　D. 愉快合作

178. （　　）有助于提高企业服务水平，会促成客户成为企业的长期忠诚客户。

　　A. 营销　　　　　　　　　　　　B. 沟通

　　C. 诚信　　　　　　　　　　　　D. 投诉

179. 对于企业来说，使客户满意是基本任务，而获得（　　）是参与竞争取胜的保证。

　　A. 客户认同　　　　　　　　　　B. 销售产品

　　C. 客户价值　　　　　　　　　　D. 客户忠诚

180. （　　）是企业竞争力的重要决定因素，更是企业长期利润的根本源泉。

　　A. 短期客户　　　　　　　　　　B. 潜在客户

　　C. 忠诚客户　　　　　　　　　　D. 竞争对手

181. 在客户关系管理里，（　　）是客户忠诚的表现。

　　A. 对企业的品牌产生情感　　　　B. 重复购买

　　C. 即便对产品不满意，也不向企业投诉

　　D. 向身边的朋友推荐企业产品

182. 无论什么时候，都应从使客户满意的角度思考问题，因此我们需要一种（　　）的心态。

　　A. 消沉　　　　　　　　　　　　B. 沮丧

　　C. 积极　　　　　　　　　　　　D. 年轻

183. 客户满意度是通过（　　）与感知的服务之间的差异表现出来的。

　　A. 客户期望服务　　　　　　　　B. 行业服务标准

　　C. 企业服务标准　　　　　　　　D. 地区服务标准

184. 换位思考的能力，也就是（　　），是为客户提供优质服务的必要条件之一。

A. 同情心　　　　　　　　　　B. 同理心

C. 有形度　　　　　　　　　　D. 信任度

185. 呼出电话沟通中，倾听的两个层面是(　　)。

A. 听声音、听事实　　　　　　B. 听事实、听情感

C. 听问题、听情感　　　　　　D. 听声音、听问题

186. 呼出电话沟通中，声音是感染力的构成因素，占(　　)。

A. 20%　　　　　　　　　　　B. 40%

C. 55%　　　　　　　　　　　D. 70%

187. 呼出电话时，如果客户提出异议，必须(　　)客户异议内容，然后尝试处理。

A. 关注　　　　　　　　　　　B. 了解

C. 追踪　　　　　　　　　　　D. 重视

188. 呼出电话服务时，如果客户需要我们的产品，必须(　　)与客户有关的产品好处。

A. 引导　　　　　　　　　　　B. 指引

C. 解释　　　　　　　　　　　D. 说服

189. 呼出电话服务时，客户表示没有需求并不是真的没有需求，而是客户仍未被(　　)。

A. 引导　　　　　　　　　　　B. 指引

C. 营销成功　　　　　　　　　D. 说服

190. 对客户产品需求情况的调查不包括(　　)。

A. 现有客户对产品需求情况的调查

B. 对影响产品需求的各种因素变化情况的调查

C. 对潜在客户产品需求情况的调查

D. 对客户目前使用产品情况的调查

191. 建立良好的客户关系的方法有(　　)、摆正关系、较高的亲和力、高效的工作、温馨的细节。

A. 获得客户的信任　　　　　　B. 获得客户的表扬

C. 获得客户的赞美

192. 呼入电话沟通过程中，回答问题时要有(　　)性，能体现业务能力的高低。

A. 合理　　　　　　　　　　　B. 积极

C. 逻辑　　　　　　　　　　　D. 互动

193. 在电话呼出的过程中，如果没有办法让准客户在(　　)内感兴趣，准客户可能随时终止通话。

A. 10~20秒　　　　　　　　　B. 15~25秒

C. 20~30秒   D. 25~35秒

194. 准备阶段要做好4个方面的工作: ( )、选择沟通对象、选择沟通时间、做好沟通前的准备。

    A. 设立沟通目标   B. 心态准备

    C. 设备准备   D. 脚本确认

195. 呼出服务的目的是经由( )及交易的过程达到满足组织或个人需求的目标。

    A. 定价   B. 制作

    C. 交换   D. 促销

196. 呼出服务大致要经历三个阶段: 一是大量营销阶段; 二是多品种营销阶段; 三是( )阶段。

    A. 目标营销   B. 渠道营销

    C. 目标促销   D. 渠道促销

197. 这里所说的呼出营销是企业有计划、有组织、有目的地向某一潜在目标客户推广( )。

    A. 产品或服务   B. 产品

    C. 服务理念   D. 产品价值

198. 呼出服务是通过电话或即时通信软件对某一特定目标客户进行一对一互动,是一种( )。

    A. 沟通桥梁   B. 营销模式

    C. 提醒模式   D. 推销模式

199. 询问客户成交意向时,可以使用( )明确询问客户是否需要办理相关业务。

    A. 好的,我现在就为您登记,再见!

    B. 我现在就可以帮您登记,您看可以吗?

    C. 那我帮您登记了,再见!

    D. 好的,再见!

200. 通话中,客户首次表示同意办理业务后,在通话结束前应进行客户业务办理意向的二次确认,即再次与客户确认( )、业务名称、生效时间、办理该业务的手机号码等注意事项,并提示客户已进行电话录音。

    A. 产品信息   B. 产品生产时间

    C. 业务内容   D. 支付方式

201. ( )是指为客户提供服务时,做到主动、热情、友好、周到。

    A. 爱岗敬业   B. 诚实守信

    C. 热情服务   D. 按章操作

202. 明确客户服务工作职责的目的是使客服代表明确自己的( )和所要认真执行的

规范与制度，使自己的工作在一定的制度和规范下顺利完成。

    A. 行为目的   B. 岗位职责

    C. 公司制度   D. 道德行为

203. (　　)是客户服务的重要职责。

    A. 解释   B. 提供咨询

    C. 聆听   D. 道德行为

204. 客户服务工作的宗旨是(　　)、解客户之忧、树公司诚信品牌。

    A. 忠于职守   B. 安抚客户

    C. 以公司制度为先   D. 服务与质量并存

205. 客户资料的重要性体现在(　　)、提高客户数据监控能力、方便统计销售业绩。

    A. 提高公司效益   B. 提高团队工作效率

    C. 了解公司未来发展方向   D. 完善用户个人信息

206. 客户资料要坚持(　　)、重点管理、灵活运用及专人负责4个原则。

    A. 固定管理   B. 动态管理

    C. 不定向管理   D. 定向管理

207. 客户资料信息必须(　　)，客户档案所记录的客户信息是我们针对该客户确定具体销售政策的重要依据。

    A. 全面、详细   B. 体现个性化

    C. 体现重点   D. 精确

208. 客户资料的保密原则是坚持(　　)。

    A. 集中化管理   B. 个性化管理

    C. 归口管理，分级负责   D. 阶段性管理

209. 呼叫中心是指以(　　)为主的呼叫响应中心，为客户提供各种电话响应服务。

    A. 电话呼出   B. 网络服务

    C. 视频服务   D. 电话接入

210. 减少用户信息查询的时间，因此服务在(　　)方面得到提高。

    A. 满意   B. 数量

    C. 等级   D. 质量

211. 每次呼入电话占用的时间减少，增加了每日处理的电话数，服务在(　　)方面得到了提高。

    A. 质量   **B. 数量**

    C. 等级   D. 满意

212. 既处理客户发出的呼叫，也主动发起呼叫服务的呼叫中心属于(　　)类型。

    A. 呼出   B. 混合

    C. 呼入   D. 多媒体

213. 美国AT&T公司首家推出被叫方付费的(　　)服务号码,得到了广泛使用。

    A. 201   B. 200

    C. 400   D. 800

214. 呼叫中心最早起源于(　　),其雏形可以追溯到美国20世纪30年代的民航业和旅游业。

    A. 欧洲   B. 北美

    C. 英国   D. 德国

215. 企业竞争不再仅仅是产量和产品质量的竞争,而且是为客户提供(　　)的竞争。

    A. 企业形象   B. 产品价值

    C. 优质服务   D. 满意度

216. 呼叫中心已成为(　　)应用服务的重要领域,正发展为一项新兴产业。

    A. 电信   B. 互联网

    C. 移动   D. 联通

217. 只有树立良好的(　　)意识才能更好地实现客户满意。

    A. 客户服务   B. 同理心服务

    C. 产品质量提升   D. 员工态度提升

218. 客户创造了(　　),企业的产品是客户所需要的,客户自然会持续或大量购买,给企业带来利润。

    A. 利润   B. 市场

    C. 机遇   D. 质量

219. 客户创造了(　　),在企业持续满足客户的各种需求时,客户与企业之间产生信任和依赖感,客户愿意主动为企业提供好的建议。

    A. 利润   B. 市场

    C. 机遇   D. 质量

220. 企业的一些服务工作开始都要求以客户的(　　)为导向,客户服务工作的内容、标准也都据此而规定,这已形成了共识。

    A. 价格信息   B. 专业信息

    C. 便利   D. 需求

221. 企业经营是否成功取决于企业向顾客提供的(　　)能否满足顾客的需求。

    A. 价格和质量   B. 舒适环境

    C. 理解和认同   D. 产品和服务

222. 以客户利益为中心,以客户满意为(　　)的服务理念。

    A. 宗旨   B. 导向

C. 目标　　　　　　　　　　　　D. 目的

223. 普通话中，把声母、(　　)连续拼合而成为一个音节。

A. 复韵母　　　　　　　　　　　B. 单韵母

C. 声调　　　　　　　　　　　　D. 音标

224. 古汉语分为平、上、去、入4个(　　)。

A. 声音　　　　　　　　　　　　B. 声调

C. 调值　　　　　　　　　　　　D. 调类

225. 沟通是将某信息传递给客体或对象，以期客体做出相应反应的(　　)。

A. 步骤　　　　　　　　　　　　B. 阶段

C. 结果　　　　　　　　　　　　D. 过程

226. 沟通就是(　　)的交流。

A. 人与人　　　　　　　　　　　B. 相互

C. 心与心　　　　　　　　　　　D. 心灵

227. 沟通包括信息、反馈、(　　)3个方面。

A. 通道　　　　　　　　　　　　B. 网络

C. 交流　　　　　　　　　　　　D. 语言

228. 良好的沟通除了需要罗列表达内容、选取合适的信息，还需要(　　)。

A. 礼貌地称呼　　　　　　　　　B. 积极地询问

C. 积极推销产品　　　　　　　　D. 让对方做好准备

229. 沟通是一种精神活动，沟通的效果与沟通主体的(　　)有着极大的关系。

A. 身体状态　　　　　　　　　　B. 心理状态

C. 文化修养　　　　　　　　　　D. 社会背景

230. 客户电话接入服务工作的本质是与客户的(　　)沟通。

A. 信息　　　　　　　　　　　　B. 电话

C. 精神　　　　　　　　　　　　D. 语言

231. 客户接入服务通过电话、电子邮件、(　　)为客户提供服务。

A. Word文件　　　　　　　　　　B. 满意度调查

C. 网络　　　　　　　　　　　　D. 老用户维系

232. 有效地利用电信资源，在客户心中塑造一个服务周到、工作高效的(　　)是企业的核心目标。

A. 经营战略　　　　　　　　　　B. 信息系统

C. 服务营销战略　　　　　　　　D. 企业形象

233. 建立合理、适用的(　　)来改善和提升企业客户服务。

A. 经营战略　　　　　　　　　　B. 信息系统

C. 服务营销战略　　　　　　　　D. 企业形象

234. 呼入电话服务主要接受客户的(　　)、订单和投诉，向客户提供企业产品、服务和技术支持。

A. 收集　　　　　　　　　　　　B. 推荐

C. 咨询　　　　　　　　　　　　D. 引导

235. 电话呼入要通过语音导航将(　　)和人工服务进行划分。

A. 智能语音　　　　　　　　　　B. 投诉

C. 咨询　　　　　　　　　　　　D. 业务受理

236. 咨询电话接入人工座席后，座席员首先应该(　　)。

A. 询问具体问题　　　　　　　　B. 问候客户

C. 转接自助语音服务　　　　　　D. 记录用户来电号码

237. 电话呼入的接听流程通常是询问、查询、受理、(　　)。

A. 转接评价　　　　　　　　　　B. 结束通话

C. 小结(记录呼叫内容和类型)　　D. 营销

238. 当客户不愿意提供个人信息给客服人员核对，却要查询/办理业务时，客服人员应(　　)。

A. 挂机　　　　　　　　　　　　B. 转给班长

C. 受理转后台支撑　　　　　　　D. 直接为其查询/受理

239. 客户拨打电话要求查询其他客户名下信息时，前台员工应(　　)。

A. 根据流程仅做核对　　　　　　B. 直接告知

C. 礼貌地拒绝　　　　　　　　　D. 上报主管

240. 倾听时容易出现的错误是(　　)。

A. 迟迟不下结论　　　　　　　　B. 做出道德性和正确性的评价

C. 过分重视求助者的问题　　　　D. 不好意思打断求助者的叙述

241. 倾听不仅是听声音，好的聆听者还能(　　)。

A. 频繁地点头　　　　　　　　　B. 完成讲话人的句子

C. 写下一切　　　　　　　　　　D. 给予反馈或重复一些说过的话

242. 倾听的方法不包括(　　)。

A. 注意身体语言的使用　　　　　B. 站在对方立场考虑问题

C. 响应谈话内容　　　　　　　　D. 做好相关记录

243. 提出的问题是纯开放式的，回答的内容广泛是(　　)提问方式。

A. 开放式　　　　　　　　　　　B. 封闭式

C. 探查式　　　　　　　　　　　D. 筛选式

244. 提出的问题是封闭式的，答案只能选择"是"或"不是"是(　　)提问方式。

A. 开放式　　　　　　　　　B. 封闭式

C. 探查式　　　　　　　　　D. 筛选式

245. 提出的问题有选择性，对方回答的内容一般都在提问给出的选择范围之内是

(　　)提问方式。

A. 开放式　　　　　　　　　B. 封闭式

C. 探查式　　　　　　　　　D. 筛选式

246. 当客户听到"你本来应该……"时，会不由自主地产生(　　)心理。

A. 猜疑　　　　　　　　　　B. 不情愿

C. 不理解　　　　　　　　　D. 防范

247. 呼入电话沟通时要多用(　　)措辞，能提升客户的感知度。

A. 试探性　　　　　　　　　B. 放话性

C. 积极性　　　　　　　　　D. 互动性

附录C　话术赏析

开场白与问候

- 您好，欢迎致电××客户服务中心，请问有什么可以帮您？
- 早上好/下午好/晚上好，我是××客服，很高兴为您服务。
- 感谢您的来电，请问您是遇到了什么问题或需要咨询什么信息呢？

账户与信息查询

- 关于您的账户余额，请允许我为您查询一下，请稍候。
- 您的订单状态显示为"已发货"，预计××天内到达，请保持手机畅通以便与快递员保持联系。
- 为了更好地协助您，请告诉我您的会员号或订单号。

问题解决与投诉处理

- 非常抱歉给您带来不便，对于您遇到的问题，我们会立即跟进处理。
- 针对您的投诉，我们已详细记录并会尽快安排专人回复，请留下您的联系方式。
- 我理解您的感受，我会尽我所能为您寻找最快的解决方案。

产品咨询与推荐

- 关于我们的××产品，它具有××特点，非常适合您。
- 如果您在选购产品上有任何疑问，我很乐意为您详细介绍。
- 根据您的使用情况，我建议您考虑我们的××套餐，它包含更多增值服务。

退换货服务

- 如果您对收到的商品不满意，我们提供7天无理由退换货服务。
- 关于退换货流程，请您先登录我们的官网提交申请，并按照页面指引操作。
- 退货的邮费问题，我们会根据具体情况为您处理，请放心。

优惠活动与促销信息

- 感谢您关注我们的活动，目前正在进行的是××优惠，详情可登录官网查看。

- 如果您是会员，还可以享受额外的折扣或赠品哦。
- 关于即将到来的大促，我们会通过短信和邮件通知您，请保持关注。

技术支持与故障排除

- 对于您遇到的软件问题，我建议您先尝试重启设备并更新到最新版本。
- 如果问题依旧存在，请按照屏幕上的指示进行故障排查。
- 我们的技术支持团队随时待命，如果您需要远程协助，请告知我。

感谢与结束语

- 感谢您的耐心等待，希望我们的服务能让您满意。
- 如果您后续还有任何问题，欢迎随时联系我们。
- 祝您生活愉快，再见！

特殊情况处理

- 对于您的特殊情况，我会向上级汇报并尽快给您回复。
- 由于系统维护，部分功能暂时无法使用，预计××时间恢复，给您带来不便敬请谅解。
- 对于您的紧急需求，我们将优先处理，请放心。

预约与安排

- 您好，请问您需要预约我们的哪位专家或需要哪些服务？
- 为了更好地安排您的时间，请告诉我您希望的预约日期和时间段。
- 您的预约已成功，我们将通过短信确认具体时间和地点，请注意查收。

订单与物流跟踪

- 关于您的订单，我们正在积极备货，预计××小时内发货。
- 如果您需要修改订单信息，如收货地址，请尽快告知我们。
- 物流信息显示您的包裹正在运输中，预计明天送达，请耐心等待。

会员服务与特权

- 作为我们的尊贵会员，您享有优先客服、专属折扣等多重特权。
- 关于会员积分的兑换，您可以在我们的官网上选择心仪的商品或服务。
- 为了提升您的会员体验，我们会定期推出会员专享活动，敬请关注。

支付与账单问题

- 关于您的支付问题，请确认您的支付信息是否完整且正确。
- 如果您遇到支付失败的情况，建议更换支付方式或稍后重试。
- 对于账单中的疑问，我们将为您详细解释每一项费用。

信息安全与隐私保护

- 我们非常重视您的信息安全，所有个人信息均加密处理。
- 如果您发现账户异常，请立即联系我们进行冻结处理。
- 我们承诺不泄露您的任何隐私信息，请放心使用我们的服务。

售后服务与保修政策

- 关于产品的售后服务，我们提供××天内无理由退换货服务。
- 如果您的产品在保修期内出现质量问题，我们将免费为您维修或更换。
- 为了更快地解决您的问题，请提供产品的购买凭证和保修卡。

促销与优惠券

- 恭喜您获得我们的限时优惠券，请在购物时输入优惠码享受折扣。
- 关于优惠券的使用规则，请仔细阅读页面上的说明。
- 如果您对优惠券有任何疑问，我们的客服团队将为您解答。

增值服务与服务升级

- 为了提升您的使用体验，我们推出了多项增值服务，如××。
- 如果您想升级您的服务套餐，请告知我们您的具体需求。
- 升级后的服务将包含更多功能和优惠，让您的体验更加完美。

客户需求调研与反馈

- 为了更好地服务您，我们正在进行客户满意度调研，希望能得到您的宝贵意见。
- 您的反馈对我们非常重要，将帮助我们不断改进服务。
- 如果您有任何建议或需求，请随时告诉我们，我们将尽力满足。

特殊情况应对

- 由于不可抗力因素，部分服务可能暂时中断，给您带来不便敬请谅解。
- 对于您的紧急情况，我们将开启绿色通道，优先处理您的问题。

- 我们理解您的不满，将全力以赴解决问题，并补偿您的损失。

个性化服务

- 根据您之前的购买记录，我们推荐您可能感兴趣的××产品。
- 为了给您提供更加贴心的服务，我们可以根据您的需求定制专属方案。
- 我们注意到您的账户有一段时间未活跃了，是否有什么我们可以帮助您的？

技术支持与解决方案

- 针对您遇到的软件问题，我们已经准备了详细的解决方案与步骤，请按照指示操作。
- 如果问题较为复杂，我们可以为您提供远程桌面协助服务。
- 为了预防未来可能出现的问题，建议您定期更新软件和驱动程序。

订单取消与退款

- 如果您需要取消订单，请告知我订单号，我们将为您处理。
- 退款申请已经提交，预计××个工作日内原路退回您的账户。
- 关于退款金额，我们将按照实际支付金额进行退还，不包括运费等额外费用。

礼品卡与代金券

- 您购买的礼品卡已经发送到您的邮箱，请查收并妥善保管。
- 代金券的使用期限请注意，过期将无法使用，请尽快使用。
- 如果您在使用礼品卡或代金券时遇到问题，请随时联系我们。

账户安全与验证

- 为了保障您的账户安全，我们需要进行身份验证，请提供相关信息。
- 如果您怀疑账户被盗用，请立即联系我们进行紧急处理。
- 我们建议您定期更换密码，并开启双重验证以增加账户安全性。

忠诚度计划与奖励

- 作为我们的长期客户，您已经积累了足够的积分，可以兑换××奖励了。
- 我们的忠诚度计划为会员提供了更多优惠和特权，请多多关注。
- 如果您有任何关于忠诚度计划的问题，我们的客服团队将为您解答。

社交媒体与社区支持

- 您也可以通过我们的社交媒体平台(如微博、微信)与我们取得联系。
- 我们的社区里有许多用户分享的使用心得和技巧，欢迎您加入讨论。
- 如果您在社交媒体上发布了关于我们产品的评价或问题，我们会尽快回复。

节假日与特别活动

- 值此佳节之际，我们为您准备了专属优惠和礼品，敬请期待。
- 感谢您一直以来的支持，为了回馈您，我们特别推出了××活动。
- 节假日期间，我们的客服团队将保持正常工作，随时为您服务。

预约变更与取消

- 如果您需要更改预约时间或地点，请提前××小时通知我们。
- 非常抱歉，由于资源有限，我们无法直接为您取消预约，但可以帮助您重新安排。
- 取消预约后，您的预约费用将根据我们的退款政策进行处理。

跨部门协作

- 关于这个问题，我需要与我们的技术部门沟通后给您答复，请稍候。
- 为了更快地解决您的问题，我将把您的需求转交给相关部门处理。
- 我们的多个部门都在紧密合作，以确保您得到最满意的解决方案。

情绪安抚

- 我理解您现在的感受，请放心，我们会尽快为您解决问题。
- 您的情绪我完全能懂，遇到这样的情况确实让人不舒服，我们一起找解决办法吧。
- 请深呼吸，我在这里陪着您，一步步来，问题总会解决的。
- 遇到这样的困扰，换做谁都会不开心，但请相信，我们一定会尽全力帮助您。
- 我知道您很着急，但请相信我们的团队，我们正在加急处理中。
- 您的感受对我们很重要，我们会根据您的意见来改进服务。
- 请您放心，我们会一直跟进到问题彻底解决为止。
- 困难只是暂时的，我们会陪您一起渡过这个难关。
- 请您不要过于焦虑，保持冷静，我们一起寻找最佳方案。
- 您的耐心和理解是我们前进的动力，感谢您的等待。

- 遇到这样的问题，确实让人感到沮丧，但请相信，我们会努力让事情变得更好。
- 我们非常重视您的体验，会尽力减少您的不便。
- 请您不要灰心，我们会一直陪伴在您身边，直到问题得到圆满解决。
- 每一个挑战都是成长的机会，我们一起面对，一起成长。
- 请相信，您的权益我们会全力维护，不让您受到任何损失。
- 您的声音我们听到了，您的需求我们会尽力满足。
- 遇到挫折时，请记得我们始终在您身边支持您。
- 请保持积极的心态，相信一切都会好起来的。
- 您的心情我感同身受，我们会尽快采取行动，让您满意。
- 在解决问题的过程中，如果您有任何不满或建议，都请随时告诉我们。
- 请您放心，我们会用最专业的态度来处理您的问题。
- 困难像弹簧，您弱它就强，我们一起勇敢面对吧。
- 请您相信，我们的目标是让您满意，我们会为此不懈努力。
- 您的笑容是我们最大的追求，我们会尽全力让您满意。
- 请给我们一点时间，我们会用最快的速度来回应您的需求。
- 在解决问题的路上，我们与您同行，不离不弃。
- 您的每一份信任，都是我们前进的动力。
- 请相信，我们的服务会越来越好，不会让您失望。
- 面对挑战，我们有信心和能力为您提供更好的服务。
- 请您保持耐心，我们会给您一个满意的答复。
- 您的困扰就是我们的工作，我们会全力以赴去解决。
- 请您放心，我们会站在您的角度思考问题，给您最贴心的服务。
- 遇到问题时，请记得还有我们，我们会一起面对。
- 您的满意是我们最大的追求，我们会一直努力下去。
- 请相信，您的声音会被听见，您的问题会被解决。
- 在困难面前，我们不会退缩，会与您一起寻找解决方案。
- 请您保持冷静，我们会用我们的专业知识和经验来帮助您。
- 您的每一次反馈，都是我们改进的宝贵财富。
- 请相信我们的团队，我们有信心也有能力解决您的问题。
- 我们会用最真诚的态度和最专业的服务来回应您的期待。
- 请您放心，我们会一直陪伴在您身边，直到您满意为止。
- 面对问题，我们不会逃避，会积极寻找解决办法。
- 请您相信，您的利益我们会放在首位，全力维护。
- 遇到不如意的事情时，请记得还有我们在这里为您撑腰。

- 我们会用实际行动来证明我们的承诺和服务质量。
- 请您保持乐观的心态，相信我们一定能够共同渡过难关。
- 您的每一个需求我们都记在心里，会尽力去满足。
- 请相信我们的专业能力和责任心，我们会给您最满意的答复。
- 在解决问题的过程中，如果您有任何疑问或需要帮助的地方，请随时告诉我们。
- 我们深知您的不易和期待，会竭尽全力为您提供最优质的服务。